马克思主义简明读本

什么是资本主义？

丛书主编：韩喜平

本书著者：聂　阳　许艺镪

吉林出版集团股份有限公司

图书在版编目（CIP）数据

什么是资本主义？ / 聂阳, 许艺镪著. -- 长春：吉林出版集团股份有限公司, 2012.12（2019.2重印）
（马克思主义简明读本）

ISBN 978-7-5463-9627-9

Ⅰ.①什… Ⅱ.①聂… ②许… Ⅲ.①资本主义–青年读物②资本主义–少年读物 Ⅳ.①D091.5-49

中国版本图书馆CIP数据核字(2012)第291819号

什么是资本主义？
SHENME SHI ZIBEN ZHUYI?

丛书主编：韩喜平
本书著者：聂 阳 许艺镪
项目策划：范中华 徐树武
责任编辑：陈 曲 肖爱兵
出 版：吉林出版集团股份有限公司
发 行：吉林出版集团社科图书有限公司
电 话：0431-86012746
印 刷：北京一鑫印务有限责任公司
开 本：710mm × 960mm 1/16
字 数：100千字
印 张：12
版 次：2012年2月第1版
印 次：2019年2月第3次印刷
书 号：ISBN 978-7-5463-9627-9
定 价：29.70元

序　言

习近平总书记指出，青年最富有朝气、最富有梦想，青年兴则国家兴，青年强则国家强。青年是民族的未来，“中国梦”是我们的，更是青年一代的，实现中华民族伟大复兴的“中国梦”需要依靠广大青年的不断努力。

要提高青年人的理论素养。理论是科学化、系统化、观念化的复杂知识体系，也是认识问题、分析问题、解决问题的思想方法和工作方法。青年正处于世界观、方法论形成的关键时期，特别是在知识爆炸、文化快餐消费盛行的今天，如果能够静下心来学习一点理论知识，对于提高他们分析问题、辨别是非的能力有着很大的帮助。

要提高青年人的政治理论素养。青年是祖国的未来，是社会主义的建设者和接班人。党的十八大报告指出，回首近代以来中国波澜壮阔的历史，展望中华民族充满希望的未来，我们得出一个坚定的结论——实现中华民族伟大复兴，必须坚定不移地走中国特色社会主义道路。要建立青年人对中国特色社会主义的道路自信、理论自信、制度自信，就必须要对他们进行马克思主义理论教育，特别是中国特色社会主义理论体系教育。

要提高青年人的创新能力。创新是推动民族进步和社会发展的不竭动力，培养青年人的创新能力是全社会的重要职责。但创新从来都是继承与发展的统一，它需要知识的积淀，需要理论素养的提升。马克思主义理论是人类社会最为重大的理论创新，系统地学习马克思主义理论有助于青年人创新能力的提升。

要培养青年人的远大志向。“一个民族只有拥有那些关注天空的人，这个民族才有希望。如果一个民族只是关心眼下脚下的事情，这个民族是没有未来的。”马克思主义是关注人类自由与解放的理论，是胸怀世界、关注人类的理论，青年人志存高远，奋发有为，应该学会用马克思主义理论武装自己，胸怀世界，关注人类。

正是基于以上几点考虑，我们编写了这套《马克思主义简明读本》系列丛书，以便更全面地展示马克思主义理论基础知识。希望青年朋友们通过学习，能够切实收到成效。

韩喜平

2013年8月

目　录

引　言

对于“什么是资本主义？”这一问题的回答，我们往往会得到以下几种答案。比如，我们能说出像美国、法国、英国这样的诸多老牌资本主义国家；又比如，我们能说出资本主义的两党制和多党制、君主立宪制和民主共和制；再比如，我们能说出资本主义生产关系下生产资料的所有制形式——私有制。但总体来说，无论采取哪种答案，我们往往都是从与社会主义对比的角度来理解资本主义的：资本主义国家和社会主义国家的对比，资本主义的政治制度和社会主义的政治制度的对照，资本主义的生产关系与社会主义的生产关系的映衬。如果撇开隐含的语境前提和思维框架——社会主义，我们就要追问：到底什么是资本主义？

毋庸置疑的是，资产阶级是资本主义的主导力量。关于资产阶级的历史功绩，马克思曾说：“资产阶级在它的不到一百年的阶级统治中所创造的生产力，比过去一切世代所创造的全部生产力还要多，还要大。自然力的征服，机器的采用，化学在工业和农业中的应用，轮船的行驶，铁路的通行，电报的使用，大陆的开垦，河川的通航，仿佛用法术从地下呼唤出来的大量人口……过去哪一个世纪料想到在社会劳动里蕴藏有这样的生产力呢？”那么以资产阶级为主体的资本主义，究竟蕴含着什么样的历史秘密呢？

当回顾世界近现代的历史时，我们发现在15世纪以来的几个世纪里，资本主义作为近现代社会历史的主角，创造了辉煌灿烂的历史成就，极大地改变了世界的面貌，使人的力量伸展到世界的各个角落，使世界真正成为“人的世界”。同时，资本主义在改变世界的同时也改变着人自身：近现代资本主义的发展也改变了人自身的存在状态、思维方式和价值观念，人由此而成为真正意义上的“现代人”。从改变世界和人的自我改变的意义上，资本主义是近现代历史的主导性力量。由此可见，从改变世界和改变人自身的双重意义上，资本主义是创造性的、历史性的，是人类历史上真正的一种“主义”。

资本主义不仅在过去几个世纪里作为历史发展的主轴和坐标，而且在当代社会里，资本主义还继续向未来延伸着自身的发展轨迹，资本主义仍是全球范围内活跃于世界历史舞台的主导性力量。

第一章　走近资本主义

若要深入了解资本主义，我们首先要细致回顾资本主义发展的历史，其次要在总结资本主义发展史的基础上总结资本主义的基本特征，然后展开资本主义与社会，资本主义与人，资本主义与历史之间的内在联系。在对资本主义的功过是非进行评鉴时，我们坚决站在马克思主义的历史唯物主义立场，以辩证的思维方法和历史主义的思想态度来面对资本主义的历史发展，展开对资本主义的历史评判。根据资本主义生产关系在各个历史阶段的发展特点，资本主义的发展阶段可划分为自由资本主义时期、垄断资本主义时期、国家资本主义时期和全球资本主义时期。在这些不同的资本主义时期，资本主义所展现出的不同的时代精神、时代特点和时代内涵是与资本主义的历史发展时期相对应的。总体说来，自由资本主义表现为自由竞争的时代精神，垄断资本主义表现为垄断霸权的时代精神，国家资本主义表现为国家干预的时代精神，全球资本主义表现为全球化的时代精神。不但资本主义的发展塑造了鲜明的时代精神，而且时代精神也塑造了资本主义的历史发展。

第一节　萌动的资本主义：资本主义的产生

从世界历史的时间尺度看，资本主义作为一种社会形态或生产方式是接续着封建主义而来的，但封建主义作为资本主义的孕育母体却生长出了与封建主义相对立的一种社会形态。同时，资本主义与封建主义二者在资本主义的形成过程中又始终有着千丝万缕的联系。所以，我们在分析资本主义时不能忘却它的孕育母体——封建主义。因而，我们只有从资本主义产生的背景来分析资本主义的缘起，才能初步窥见资本主义不同于封建主义的特质。那么作为一种生产方式的资本主义是如何产生的呢？

从资本主义产生的历史看，资本主义生产关系的母体是封建生产关系，也就是说，资本主义脱胎于封建社会。封建经济的解体使资本主义的要素——土地、资本、劳动力等得到解放，这些生产要素的解放是资本主义发展的必要条件。值得注意的是，在14世纪—15世纪西方地中海沿岸的一些城市，例如威尼斯、热那亚、佛罗伦萨等地，已经稀疏地出现了资本主义生产关系的萌芽，而在我国明朝末年，一些地区同样出现了稀疏的资本主义萌芽。但从萌芽的规模和发展前景看，大规模的资本主义萌芽出现在西欧社会，并最终成长为资本主义，成为改变时代、影响世界的社会性力量。相比较之下，我国的资本主义萌芽则未形成相应的规模和发展潜力。

从资本主义产生的必要条件来分析，资本主义在产生之初，必须有三个基本条件：一是自由劳动力的解放，即伴随着封建生产关系解体而产生的大批失去生产资料而不得不出卖自己劳动力的无产者；二是资本的积累和集中，即大量的货币和生产资料集中在少数人和少数部门当中，进而转化为资本（能够不断产生利润的货币）；三是商品交换市场的形成和扩大。这些基本要素构成了资本主义在封建社会末期的历史缘起，随后我们将看到，这些基本要素也是始终伴随着资本主义发展的必要条件。我们可以从国内和国际两方面来分析。

在国内，商品经济在封建社会末期的发展，瓦解了封建社会的自然经济，进而导致封建生产关系解体。最初，伴随商品经济发展的是少量资本向部分行业和人群的集中，即小商品生产者出现了分化，这就是资本原始积累的发展过程：既表现为强制使劳动者同他们的生产资料分离的过程，又表现为对农民土地剥夺的过程。资产阶级的来源主要有两个：一是从小商品经济中分化出来；二是从商人和高利贷者转化而成。伴随着以分工为核心的商品经济的发展，以自给自足为特征的自然经济遭到不断破坏，大量农民和手工业者破产，从而给资本主义发展既提供了自由的劳动力交换市场，又提供了广阔的商品交换市场，这就是利伯维尔场的雏形。在不同的国家，对农民和手工业者的剥夺方式存在不同的特点，这个过程也经历了较长的历史阶段，市场最终得以形成。在这一过程中，劳动力转化为商品，生产资料转化为资本，这一方面标志着简单商品生产方式向资本主义生产方式的过渡，另一方面标志着对劳动者的剥削表现形式的转换——由封建剥削转变为资本主义剥削。

在国外，伴随新航路的开辟的是对外的掠夺和扩张，资本的原始积累加速（这种积累往往是通过野蛮的方式进行的），掠夺和扩张导致了生产者的进一步分化。

在国内，资本主义生产方式在封建生产方式解体中所孕育的劳动力、市场、资本等要素的综合作用下形成了。在国外，对外的扩张加速了资本的原始积累、市场的开拓和劳动力的解放。在资本主义自身发展和对外扩张的一体化过程中，逐渐确立了资本主义的时代强音——自由资本主义。

第二节　时代的强音：自由资本主义

资本主义产生初期的社会力量是十分薄弱的。经过14世纪—16世纪封建生产方式的不断瓦解、资本的不断积累、剩余劳动力的不断解放和世界市场的逐渐开拓，资本主义开始进入第一个完全意义上的发展阶段——自由资本主义时期。自由资本主义（laisser—faire capitalism）是指以自由竞争为特征的资本主义，是资本主义发展过程中的第一阶段，是垄断资本主义的前身，亦称"垄断前资本主义"。自由资本主义的产生是西欧生产力和生产关系相互作用的必然结果。在这一阶段，资本主义的力量一方面体现为资产阶级革命，另一方面体现为资本主义的自由竞争。

一、在资本主义之前：资产阶级革命

资本主义生产方式自产生之日起，就是同封建制度的地方特权、等级制度和人身依附相矛盾的，而这种社会矛盾的激化导致了资产阶级革命在西欧和北美的爆发。随着资本主义的发展，资产阶级的经济力量、政治力量不断壮大，为各国的资产阶级革命准备了条件。荷兰在16世纪末，英国在17世纪中叶，法国在18世纪末，德国及其他一些国家在19世纪中叶，先后爆发资产阶级革命，变革了封建制度，从而为资本主义生产方式取代封建生产方式扫清了道路。需要明确的是，资本主义的主体性力量——资产阶级，既是伴随着封建生产方式的自然解体产生的，又是伴随着资本主义生产方式的进一步发展而壮大的。资产阶级革命的发生既是资本主义发展的必然结果，又是自由资本主发展的阶级基础。由此可见，资产阶级的革命既是走在资本主义发展之后的必然结果，又是资本主义迅速发展的历史前提。在资产阶级主导的社会结构下，资本主义获得了更广阔的发展空间和更充分的发展条件。

从14世纪开始到16世纪，资本主义生产方式就在西欧各国有了逐步的发展，但那时，封建的生产关系严重束缚了资本主义生产的发展，因为当时自给自足的自然经济仍是社会的主导力量，居于统治地位，自由竞争的生产方式和交换方式尚未成为普遍的、占统治地位的经济现象。从这个意义上说，17世纪英国资产阶级革命的胜利具有划时代的意义，因为资产阶级革命的胜利标志着封建王朝的崩溃和资产阶级政权的建立。继英国资产阶级革命之后，美国和法国相继爆发了资产阶级革命，资本主义力量的星星烛火从欧洲扩展到美洲和世界各地。资产阶级革命的世界性扩展标志着资本主义进入新的发展阶段：自由资本主义时期。

资产阶级革命的胜利具有重大的历史意义，这体现在革命为自由竞争的迅速发展创造了诸多有利条件。首先，资产阶级统治的确立废除了封建土地所有制和人身依附关系，为资本主义的发展提供了劳动力的条件。其次，结束了封建割据的混乱社会状况，废除了封建行会制度，进行了统一的度量衡和货币制度改革，促进了国内市场的自由竞争。再次，资产阶级成为社会的统治阶级和主导力量，实行了各种有利于资本主义发展的法律和政策，保证了资本主义的自由竞争，促进了资本主义的迅速发展。

资本主义的声音逐渐变得强大起来，并成为时代的最强音。

在自由资本主义阶段，资产阶级在社会各方面鲜明地表达出他们在世界历史中的主体地位，在社会的各个层面提出各项符合资产阶级利益的要求。在经济上，资产阶级提倡经济自由主义或自由放任主义，强烈要求实行自由竞争的经济政策，主张废除封建割据和闭关自守的封闭状态，坚持国家不干预经济生活。在政治上，资产阶级提出“自由”、“平等”、“博爱”的政治要求，要求建立资产阶级民主制，推进资产阶级民主的发展。在文化上，资产阶级推动近代科技的迅猛发展，科学精神成为时代的精神主题，政府大力推动科学技术的发展，奖励发明创造。另外，资产阶级积极打造近代文化和艺术，促进教育的发展。这些要求和改革对冲破封建主义的束缚、推动资本主义经济的发展，起了促进作用。资产阶级在不同的社会层面提出的要求，既反映了资产阶级为自身的发展创造条件的意向，也突显了资本主义的社会进步性，极大地推动了社会向前发展，资本主义的自由竞争成为时代的主旋律。

二、与资本主义同行：自由竞争

自由资本主义是指以自由竞争为特征的资本主义，自由竞争是这一资本主义历史发展阶段的核心内涵。在自由资本主义阶段，资本主义企业——作为资本主义社会的主体和细胞——主要由私人资本家独自经营，这时还没有产生垄断组织，也基本不存在政府对经济的宏观干预，企业之间的自由竞争是这一时期资本主义发展的主要特点。

资本主义自由竞争主要有两种形式：一是部门内部为了获得超额剩余价值而进行的竞争，具体表现为，资本家为了使自身在竞争中处于优势地位而采用更新技术、提高劳动生产率的方式来增强自身的竞争实力。二是不同部门之间为了投资的最佳机会而展开竞争，表现为资本在各行业之间的自由转移。部门之间竞争的后果是使社会劳动生产率得到提高，利润率平均化，进而形成了平均利润率，价值随之转化为生产价格。在资本主义自由竞争的条件下，平均利润率在总体上不断下降，生产企业为了减少竞争带来的损失，又会被迫卷入新的竞争。

自由竞争的展开极大地促进了资本主义生产的快速发展，释放了资本主义的内在生命力：资本主义生产以机器生产代替手工劳动、以机器大工厂代替手工工场。这就是历史上的第一次工业革命。产业革命为资本主义生产提供了现代化的技术支撑，因而资本主义社会的生产力得到空前提高。由此可见，自由竞争阶段的资本主义是推动历史进步的社会力量，它极大地推动社会向前发展。也由此，自由竞争的社会进步效应是惊人的：在根本上，是自由竞争的时代精神塑造了一个伟大的时代，并确立了资本主义和资产阶级的历史主体地位。

与此同时，自由竞争的时代精神已凸显了资本主义自由竞争本身的局限性，暴露了资本主义自身所包含的内在矛盾，这种矛盾对资本主义本身来说是不可避免、不可克服的。从一定意义上说，资本主义的发展史就是与资本主义的矛盾的凸显、克服和消解相交织的历史。以现代历史唯物主义的基本观点审视之，这种社会矛盾是资本主义本身所不能消解和消除的，或者说，资本主义的基本矛盾对资本主义本身而言是永恒的。资本主义生产的社会化和资本主义私人占有形式之间的矛盾是资本主义社会的基本矛盾，它从资本主义制度确立时起就已存在，并随着自由竞争的发展而发展。这种矛盾具体表现为以下几个方面：

首先，资本主义的生产制造了资产阶级和无产阶级之间的对立和斗争。无产阶级与资产阶级的阶级矛盾随着资本主义的发展不断激化，这就引发了工业革命时代的轰轰烈烈的工人运动。从产生之日起，无产阶级就是作为资产阶级的掘墓人角色出现的。

其次，个别企业的有组织性生产同社会生产无政府状态的对立，以及生产的盲目扩大同劳动人民购买力相对缩小之间的矛盾凸显，这些问题最后导致了爆发周期性的生产过剩危机——经济危机。1825年，第一次普遍性的生产过剩危机发生，危机波及英国的主要工业部门。到了19世纪中叶，伴随着世界市场的形成，经济危机向世界范围内扩展，资本主义的经济危机演化为世界性的生产过剩危机。在经济危机的过程中，社会经济处于极度的波动、震荡和混乱之中，生产力遭到巨大破坏，人民的生活遭到极大的威胁，社会状况急剧恶化。这些资本主义的历史事实表明，自由资本主义在推动历史向前的同时，也制造了社会性的、世界性的问题。因而，由于自由竞争所蕴含的盲目性和自发性，使得周期性的资本主义经济危机在所难免，自由资本主义必须克服自由竞争的内在矛盾，才能实现进一步发展。自由资本主义的进一步发展就将资本主义推向一个新的历史时期——垄断资本主义时期。

第三节　资本力量的扩张：垄断资本主义

第二次科技革命直接推动了资本主义进入新的发展阶段——垄断资本主义阶段。第二次科技革命是科学与技术的紧密结合，科学与技术之间相互促进、共同发展的一次产业革命，由此带来的是人类历史上一次生产力的跨越式发展。也正因为如此，在生产力迅速发展的基础上形成的垄断资本主义，达到了资本主义发展的一个历史高峰。在垄断资本的推动下，首先形成了垄断资本的国内统治，进而垄断资本通过对外扩张确立世界统治，形成了资本主义的世界体系。同时，垄断资本主义的发展也凸显了资本主义生产力和生产关系的基本矛盾。

垄断资本主义（Formation of Monopoly Capitalism）又称为帝

国主义，是资本主义发展的最高阶段。垄断资本主义是在第二次工业革命生产力的快速发展的基础上，在生产和资本加速集中的过程中，于19世纪末20世纪初形成和发展起来的。

一、资本的神话：资本主义的迅猛发展

从时间上看，资本主义的迅猛发展开始于19世纪末20世纪初；从渊源关系上看，垄断资本主义直接承继的是资本主义的自由竞争阶段，资本主义发展的历史延续性成就了资本主义的历史贡献。自由资本主义向垄断阶段过渡的标志性事件是1873年的世界经济危机。

19世纪的最后30年，第二次科技革命悄然发生，以重工业为中心的实体经济得到迅猛发展，这为实现自有资本主义向垄断资本主义过渡奠定了坚实的物质基础。与自由资本主义时期相比，这一时期的工业部门有很大的差别。电力的广泛使用是这一时期社会进步的重要推力，内燃机的推广为工业生产注入了新的活力。在工业生产领域，诞生了诸如托马斯炼钢法、蒸汽涡轮、内燃发动机、气钻、发电机、电动机、远距离输电、电灯、电车、电话、无线电以及从炼焦煤中提取氨、苯和人造染料等一系列新技术、新设备和新发明。这些新设备的推广，使原有的重工业部门——冶金、采煤、机器制造等得到了快速的发展，并引发了一系列的连锁反应：新兴的重工业部门和化学工业部门（电力、电

气、化学、石油、汽车和飞机制造等）的发展，进而促进了工业生产的迅速增长。

从速度上看，资本主义在这一阶段的成就是惊人的。世界工业生产量在1850年—1870年的20年间只增长了1倍，而在1870年—1900年的30年中增长了2.2倍，20世纪的前13年中又增长66%。由此可见，工业的增长速度非常快，而且增长也在持续加速。其中，重工业的发展尤为突出，重工业突飞猛进的发展极大地改变了资本主义国家的工业结构：由原来的以轻工业为主转变为以重工业为主。在经过几十年的发展后，在19世纪末期，美、英、德等国实力大增，并成为以重工业为主导的工业强国。

伴随着资本主义的快速发展，资本主义自身蕴含的矛盾也日渐凸显而且变得更加尖锐，集中体现为间歇性地爆发的经济危机，而且危机的频率和破坏程度都与日俱增。工业的迅速发展使资本主义发展逐步进入成熟阶段，进而加深了资本主义所固有的生产社会性和资本家私人占有之间的矛盾，这体现在生产过剩经济危机更加频繁、更加深刻且持久。自从19世纪70年代开始，资本主义国家内部相继爆发了1873年、1882年、1890年、1900年和1907年连续5次经济危机，而且危机的频率也不断加大：间隔时间从十年左右缩短为七年左右。危机的频繁化和深刻化，一方面激化了企业间的竞争，加剧了中小企业的破产，促进了企业的兼并，从而加速推动了生产和资本的集中。另一方面，推动重工业的快速发展，使部分企业的规模膨胀，资本的需求量剧增，使得独资经营企业日益困难，从而推动了股份制公司的大发展。19世纪后期，主要资本主义国家纷纷出现创办股份公司的热潮。例如，英国新创办的股份公司在1893年达到了2515家，1897年达到了5184家。股份公司的创立同样加速了生产和资本集中的趋势。到20世纪初期，生产和资本的集中在发达资本主义国家已经达到了惊人的程度。例如，在1904年的美国，产值在100万美元以上的大企业约1900百个，占企业总数的 0.9%，而它们拥有的工人占有率为25.6%，其产值占国民生产总值的比例为38%。在1907年的德国，占企业总数0.9%的大企业拥有全国3/4以上的蒸汽力和电力设备，雇佣工人占全国的39.4%，而在冶金和机器制造业领域的集中程度则更为惊人：分别占97.5%和84.7%的比重。由此可见，伴随着资本主义的发展，一方面是资本主义取得的辉煌历史成就，另一方面则是成就背后的危机和破坏。但值得注意的是，虽然这一时期的经济危机的破坏不断加剧，但是从宏观的历史视角看，这一时期资本主义的主要历史作用仍然是进步的：极大地改变了世界的图景、人们的思维方式和价值观念；人通过科学、技术和工业确证了人类的历史主体地位。

二、资本的力量：资本主义的国内统治

区别于自由竞争阶段资本主义的主体性力量——个体资本，

这一时期的资本主义发展的主体性力量是垄断资本。资本主义生产的迅猛发展，造成生产和资本迅速向部分部门和部分资本家集中，这就是生产和资本集中达到一定规模所造成的垄断——垄断组织和垄断资本。垄断资本不仅是一种经济力量，而且是一种更广泛意义上的社会性力量。垄断资本的社会性力量是通过垄断组织以经济行为为中介将触角伸向社会的各个角落来实现的，其根据是，人类的一切行为都是直接或间接的经济行为，所以资本能够以经济的方式将社会各个环节串联起来，这种串联也是资本走出资本自身、实现社会化的过程，因而资本的社会化确立了资本的社会性统治。由此可见，垄断资本不仅在经济的范围内确证自身的统治力，而且还超出经济的范围，将资本的逻辑扩展到社会的经济、政治、文化的网络中，这一过程就是社会各个环节被资本逻辑同化的过程。

垄断组织的发展是一个从少到多、从小到大的发展过程。这个过程可大致分为三个基本时期：

垄断资本的第一个时期是19世纪60年代到70年代。这时，自由竞争资本主义发展达到了顶点和极端，自由竞争的资本主义的发展已经是强弩之末。正是在这时，垄断组织开始零星出现，这一时期的垄断资本主义尚处于萌芽状态，所以在时间上是与自由资本主义的末期相重合的，但经济的组织形式已经表现出不同于自由资本主义的特质。例如，在60年代美国工矿业和铁路业中出现了被称作“普尔”的垄断组织，企业间通过协商订立协定，共同规定共同价格，分配营业额并划分销售市场。又比如，德国在1857年出现了第一个垄断组织卡特尔。

垄断资本的第二个时期是从1873年爆发严重经济危机一直到19世纪80年代。1873年的经济危机标志着资本主义的发展正式进入垄断资本主义阶段。在这个阶段，连续爆发的经济危机使生产和资本的集中程度进一步发展，垄断组织呈星火燎原之势。例如，美国在1882年出现J.D.洛克菲勒的美孚石油托拉斯，紧随其后，在榨油、造酒、制糖、火柴、烟草、屠宰和采煤等广泛的生产部门都出现了垄断组织。又比如，1879年德国有卡特尔14个，而到了1890年则猛增到210个。英、法等老牌资本主义国家也出现了垄断组织，但从发展速度上看，老牌资本主义国家的发展速度在这一阶段滞后了，而新兴的德国则得到了快速的发展。

垄断资本的第三个时期是19世纪末20世纪初。在这个时期，由于工业的迅猛发展和经济危机的交替作用，资本和生产的集中加速，垄断组织数量急剧增加，扩展到了一切主要的工业生产部门。同时，生产性垄断组织还和银行垄断结合起来，形成了金融资本和金融寡头，生产和资本的勾结进而成了全部社会经济生活的主导力量，垄断资本在各个主要资本主义国家内部都确立了统治地位。例如，美国到1904年共有318个工业托拉斯，其中占资本总额5/6的236个工业托拉斯的建立时间晚于1898年。这318个工业托拉斯吞噬了5300个工业生产企业，占全部工业资本的40%。在这些托拉斯中，有26个托拉斯控制了各自部门80%以上的生产份额，有57个控制各自部门60%以上的生产份额，有78个控制各自部门50%以上的生产份额。在工业迅速集中和垄断的同时，银行业也紧随其后迅速地集中，随之出现了银行资本与工业资本相融合的金融资本，金融资本的势力拓展至社会的各个层面。例如，银行巨头J.P.摩根在1901年组织美国钢铁公司，石油大王洛克菲勒在19世纪90年代控制花旗银行，这些都是典型的金融资本。金融资本通过融资控制对工商业的长期贷款、股票和债券的买卖，甚至直接向工商业投资，掌握着整个社会的工商企业，控制着整个国民经济的活动。在20世纪初，金融资本的代表者是摩根、洛克菲勒、梅隆、库恩—洛布、杜邦、克利夫兰、芝加哥、波士顿等 8 大财团和60个巨头家族，他们控制了美国的内政和外交，成为社会的主导力量。

垄断资本的进一步发展和力量的壮大，使它们超出经济的控制范围，成为一种社会性的力量，这种控制首先是在国内实现的，它们控制了整个社会生活的方方面面。垄断资本家还通过操纵政府，控制着国家全部政治生活，决定国家政权的对内和对外政策。

三、资本的扩张：资本主义的世界统治

垄断资本超出国家的范围确立垄断资本在全球范围内的统摄性力量，其社会性后果是和垄断资本确立自己的国内统治一脉相承的，即在垄断资本推动下形成的资本主义世界经济体系。垄断资本对外扩张的直接原因是，垄断资本集团之间和国家之间政治经济矛盾使垄断资本走上对外扩张的道路。对外扩张的方式随着历史的演进而不断变化：最初以商品为媒介，并且以武力作为辅助性手段，紧接着进行资本的输出。通过商品的输出和资本扩张，主要资本主义国家将世界纳入垄断资本的统治之下，资本逻辑成为统治世界的现实力量。

垄断资本的世界性统治最主要是通过资本输出实现的，资本输出是帝国主义国家进行对外扩张的重要手段，也是金融资本对世界进行剥削和统治的主导力量。但需要明确的是，资本输出不是仅仅在垄断资本主义阶段才有的事，实际上，资本输出在自由资本主义阶段就已然存在。但资本主义进入垄断阶段后，资本输出具有了特别重要的意义。在这一阶段，主要的资本主义国家通过资本对内扩张——对本国和国外人民的剥削和掠夺形成的垄断集团，借助于对生产和市场的控制，积累了大量的“过剩”资本。同时，由于商品的输出，资本主义已然将落后国家卷入到资本主义世界市场的旋涡中，垄断资本有了投

资的环境和市场条件。

审视主要资本主义国家资本输出的数据，我们能够清楚地说明这一时期资本输出的规模和意义。根据德国经济学家J.库钦斯基的统计数据，1875年时，英国、法国、德国和美国4个国家的国外投资为350亿马克，而到了1913年骤增至1590亿马克，增加了3.5倍。当时，英国和法国是资本输出国的领头羊，英国在1913年输出资本达到750亿马克，法国在1913年达到360亿马克。作为最早的资本输出国的英国，在1855年就有了100亿马克的对外投资。但英国和法国的资本输出方式有所不同：英国凭借在第一次工业革命时期确立了世界工厂地位，将绝大部分资本输往殖民地和半殖民地，其中的重要部分是直接性的生产投资。而法国由于没有足够的殖民地和大量的生产投资空间，将绝大部分资本投放在欧洲的俄国，并以间接投资的形式为主，即借贷的方式为主。德国作为后起的快速发展的垄断资本主义国家，对外投资的步伐较晚，但速度发展较快，在1875年只有20亿马克，而到1913年则高达350亿马克，在当时已接近法国的水平。德国的投资半数在欧洲，其余主要分布在南美洲、亚洲和非洲。美国也是后起的垄断资本主义国家，在这一时期正向西部领土扩张，内部拥有广大的国内投资空间，所以美国在这一时期的资本输出数量不大，到1913年刚达到130亿马克。至于俄国和日本，它们是通过改革走上资本主义道路的后起资本主义国家，资本输出的规模较小。在20世纪开始后两国也有少量资本输出，但主要是对中国的投资。帝国主义对亚洲、非洲和拉丁美洲国家的资本输出，使得这些国家的经济卷入到主要资本主义国家的工业生产链条中，一方面极大地促进了垄断资本主义的迅速发展，另一方面，也使资本主义生产方式在这些地区逐步发展起来。但由此带来的后果是使它们变成了帝国主义国家的经济附庸。这也是第三世界国家贫困落后的历史根源和资本输出对世界其他国家和地区的最直接影响。

随着垄断资本在国内统治的稳固和资本对外输出的扩大，各国的垄断组织和集团在世界范围展开了拼抢原料产地、商品市场和投资场所的激烈斗争，主要资本主义国家的矛盾日益尖锐并凸显。各国通过各种方式在全球进行博弈。垄断组织一方面竭力利用政府的力量提高关税，设立关税壁垒，限制外国商品侵入，稳定国内的垄断价格；另一方面，利用对外倾销政策，破坏其他国家的关税障碍，把大量商品输出国外，争夺国外的商品和投资市场。

在争夺中，资本主义国家为了取得现实利益，往往改变竞争的方式，以求得暂时妥协的方式共同瓜分世界，组成国际性垄断同盟，共同在经济上分割世界，携手剥削和掠夺世界落后国家和人民。采取国际卡特尔形式的国际性垄断同盟内部，即各国垄断企业之间签订瓜分市场的协定，确定价格并规定商品销售量等，或共同组织统一的销售机构。最早出现的国际卡特尔是1867年成立的盐业卡特尔和1872年出现的国际苏打卡特尔、国际制碱卡特尔，以及1884年出现的国际钢轨卡特尔。到1913年，世界范围内有正式协定的国际卡特尔达116个，广泛分布在煤炭、钢铁、运输、化学、纺织、陶瓷、纸和纸浆、电气设备等行业中。除此之外，还有大量的没有正式签订协定的“君子协定”。这就是资本输出的第二个影响，即垄断资本间的争夺和角逐，促进了垄断资本的分化和组合。

国际垄断同盟不仅在经济上瓜分世界版图，而且在政治上结成各种联盟，从领土上瓜分世界，从而展开了争夺殖民地的激烈角逐。早在资本原始积累时期，主要资本主义国家就已开始侵占和掠夺殖民地。进入垄断资本主义阶段后，西班牙、荷兰、英国、葡萄牙、法国和俄国也不甘落后，纷纷走上了殖民掠夺的道路。据统计，到1876年，仅英、俄、法三国的殖民地面积就达4040万平方公里。进入资本主义快速发展的19世纪70年代以后，随着自由资本主义向垄断资本主义的过渡，垄断资本主义国家瓜分世界、抢占世界市场、掠夺殖民地的斗争愈演愈烈。数据显示，从 1876年到1914年，英、俄、法、德、美、日等国共占领了近2500万平方公里的领土。至此，世界殖民地总面积达到6500万平方千米。其中，英、俄、法三国侵占的殖民地领土最多。1914年时，这三国的殖民地领土分别为3350万平方公里、1740万平方公里和1060万平方公里。到了19世纪末20世纪初，帝国主义列强主要在非洲，其次是西亚和东亚进行斗争和角逐。到了1910年，90.4%的非洲土地，56.6%的亚洲土地，27.2%的美洲土地，100%的大洋洲土地，都已沦为殖民地。不仅如此，亚洲、拉丁美洲许多国家还变成了帝国主义的半殖民地国家或资本主义国家的附属国。至此，世界领土完全被主要资本主义国家瓜分，资本主义遍布全世界，资本主义统治了全世界，真正形成了世界资本主义体系。在这个体系中，被剥削和压迫的一方是殖民地、半殖民地国家，剥削的一方是主要的资本主义国家。但是，列强之间争夺势力范围和瓜分世界的欲望是难以满足的，帝国主义之间在经济实力和世界领土瓜分上的不平衡发展，终于导致了1914年帝国主义重新分割世界的世界大战。这就是垄断资本输出的第三个影响，即帝国主义国家之间的博弈和制衡，这种博弈超出了国家和地区的范围成为了一种世界性的“骚动”。

四、垄断资本主义的特点

垄断资本主义是在生产迅猛发展和资本加速集中的过程中形成的，因而垄断就成为垄断资本主义的最基本特性，这种垄断表现在社会的各个层面，如幽灵一样游荡在各个国家。这些特征分别为：

第一，生产的迅猛发展和资本的急剧集中，垄断组织在主要产业部门乃至整个经济生活中占据了支配地位，单一企业的自由竞争已随着垄断资本主义的发展化为陈迹，并且，垄断资本家和金融巨头控制了全部的社会生活领域。

第二，工业垄断资本与银行垄断资本趋向于合流，化为金融资本，金融资本的进一步集中又形成了金融寡头。垄断资本、金融资本和金融寡头的形成是并行不悖而且相互促进的，它们共同扮演着垄断资本主义时期的社会主角。因此，银行的功能也发生了根本性的变化，即由资金的融通机构，变成了万能的垄断者，并与工业资本日益勾结在一起共同控制社会生活。

第三，资本输出还具有特别的意义。在自由竞争的资本主义阶段资本输出就已经存在，但都是不成规模的。当资本主义进入垄断阶段后，由于生产和资本的急剧集中，进入利润率较高的部门有较高的门槛，而资本的本性是追逐较高的利润，所以必然产生大量的过剩资本。在落后国家，劳动力价格低廉，资本有机构成低，这是资本输出的理想场所和空间。二战前，主要资本主义国家对落后国家进行资本输出的特征十分明显，其主要采用两种形式：首先是直接资本输出，其次是借贷资本输出。但是无论是直接资本输出还是借贷资本输出，资本在推动落后国家经济卷入世界市场的同时，也促进了当地经济的发展。不过，资本的统治也加强了垄断资本对落后国家人民的控制和剥削，并使落后国家的经济畸形发展，民族经济日益衰微，对发达国家产生严重的依赖。

第四，国际垄断同盟分割世界。各国资本输出的增加导致垄断资本在国际上的势力不断扩张。各大垄断组织为了争夺原料产地、商品市场和投资场所展开疯狂拼抢和激烈竞争。

第五，在主要资本主义国家步入垄断阶段以后，都不同程度地参与了瓜分世界、建立殖民体系的交易。落后的殖民地的优越条件使得资本能够获得广阔的升值空间，资本在这里展开疯狂的角逐，垄断资本争抢原料产地和商品销售市场，各主要资本主义国家纷纷卷入争夺的狂潮。据统计，从1876年到1914年，列强总共占领了近2500万平方公里领土，使全世界土地总面积的2/3沦为殖民地，占世界总人口56%的人群被迫接受殖民统治。列强之间的矛盾和激化最终酿成了第一次世界大战。

五、垄断资本主义国家清单

垄断资本的触角伸向社会各个角落，成为控制国家的支配性的社会力量，并向外扩大，确立资本主义的世界统治。我们称由垄断资本支配的国家为垄断资本主义国家或帝国主义国家。19世纪末20世纪初，帝国主义基本特征在所有帝国主义国家都已或隐或现地表现出来了。但是，由于各国的历史条件、社会经济条件的差异，主要帝国主义的特质在每个国家的表现形式、发展程度，有着很大的差异。

（一）美国

美国在当时又称为托拉斯帝国，因为托拉斯是当时美国垄断组织最普遍、最通用的形式，托拉斯是比卡特尔和辛迪加垄断程度更高的垄断组织。参加托拉斯的企业被联合为一个庞大的企业，完全丧失了在生产上和商业上的独立性，由理事会统一经营管理。各个资本家变成托拉斯的股东，按照股份取得股息和红利。到20世纪初，美国各主要工业部门都已被大托拉斯所垄断，形成各种所谓“大王”，如石油大王洛克菲勒，钢铁大王摩根，汽车大王福特等。在19世纪末20世纪初，福特、通用、克莱斯勒三家汽车公司，杜邦公司，通用电气公司，美国烟草公司，美国电话电报公司等大托拉斯都已形成。当时，各大托拉斯控制程度的情况分别是，占钢铁的66%，占石油的95%，占金属工业的77%，占铝业的85%，占化学工业的81%，占制糖业和烟草业的80%。在19世纪末20世纪初，托拉斯已成为美国经济生活中的统治力量，掌握了国家的经济命脉。

美国成为垄断资本最发达的典型国家，与其社会经济发展的特征有密切关系。首先，美国在历史上没有根深蒂固的封建制度，也就没有垄断资本发展的内在阻力。其次，美国随着西部的开发，国内市场和丰富的自然资源为资本主义发展提供了良好的条件。再次，美国又是一个后起的资本主义国家，充分利用了西欧转移来的先进技术成就、大量资金和大批移民劳动力，而且没有陈旧的固定资本的传统束缚。在这些条件下，美国还充分利用了19世纪70年代出现的技术革命成果，积极应用先进的科学技术，大力发展重工业，这些都为美国工业生产的高度集中和垄断奠定了基础。美国在第二次科技革命期间实现了跨越式发展，一跃成为首屈一指的垄断资本主义国家。

（二）德国

德国垄断资本主义当时又称为容克资产阶级帝国主义。1848年，德国资产阶级革命失败，资产阶级向地主阶级妥协，德国从此走上资本主义的发展道路。在德国，因为资产阶级向地主阶级的妥协而保留了大量封建残余，所以具有根深蒂固的封建主义和军国主义传统的容克地主阶级相勾结，共同推动资本主义的发展。德国的垄断资本主义起步虽然较晚，但是发展速度却很快。容克地主阶级在德国的政治和经济生活的发展中一直扮演着重要的角色，这种情况既是德国垄断资本主义在德国发展较快的原因，也是垄断资本主义对外扩张进而引发战争的导火索。

虽然德国在19世纪后半期和20世纪初经济发展较快，生产和资本的集中程度也比较高，但它采用的垄断组织形式却是较低级的卡特尔。在生产和销售方面仍然保持经营独立性的卡特尔参与企业管理，往往根据协定确定商品产量，规定标准价格，瓜分销售市场。在1911年，德国有550个—600个卡特尔，它们广泛地分布在一系列部门：采煤、冶金、电气、化学、纺织、皮革、玻璃、砖瓦、陶器、食品等。卡特尔之所以是德国最普遍的垄断组织形式，是因为德国经济中封建残余的广泛存在。容克地主和垄断资本沆瀣一气，共同对劳动人民进行资本主义和封建主义的双重剥削，这就直接导致了工人工资低，人民群众购买力低，同时也造成了国内市场的狭小，国内市场竞争尖锐等问题。同时，由于封建势力的存在，封建行会传统对经济造成很大的影响，工业中大企业和小企业鱼龙混杂，技术水平良莠不齐。这些先天因素给生产上进行联合的大托拉斯的发展制造了障碍。与之相反，卡特尔却最易于把为数较多但技术水平比较悬殊的企业融合在一个生产体系中，这是德国垄断资本主义发展的特点。

另外，容克地主阶级和垄断资产阶级的勾结，使德国帝国主义的侵略性随着资本主义的发展甚嚣尘上。加之国内阶级矛盾的激化和国际市场的激烈争夺，德国地主资产阶级为了转移矛盾指向，开始同英法帝国主义争夺“阳光下的地盘”，积极奔走于世界各地，加入到了瓜分和重新瓜分世界的争夺战中，并最终早走上了军事国家垄断资本主义的道路。

（三）英国

英国垄断资本主义的特点是殖民帝国主义。英国由于最早走上资本主义道路和实现产业革命，所以在自由竞争资本主义阶段被称为“世界工厂”，在当时是最强大的资本主义国家。但是，当时代的步伐迈入垄断资本主义阶段以后，英国的经济发展速度却相对地缓慢下来了，相对于美国和德国而言，工业发展的速度、垄断组织的数量和对经济的控制程度已是昨日黄花。在垄断组织的建立时间方面，也比美国和德国晚。在19世纪90年代，英国的垄断组织快速发展。虽然到了20世纪初，多数部门都出现了不同形式的垄断组织，但在一些旧工业部门，如纺织、煤炭、冶铁等，还处于分散经营的状态，垄断组织的发展程度和速度落后了。这既与旧工业部门的牵累有关，又与英国实行自由贸易政策有关。无论是在新技术的应用方面，还是在垄断组织的构建方面，英国都逐渐从资本主义的先进国家转变为落后国家。

值得注意的是，在瓜分世界领土和资本输出方面，英国却表现出它自己的特点。对英国而言，殖民地对英国垄断资本主义的发展具有决定意义，因而被称为殖民帝国主义。从17世纪初起到19世纪中叶，即第一次工业革命期间，英国逐步建立了庞大的殖民体系，并通过它的工业实力不断获得大量海外殖民地。据统计，到1913年，英国的国外投资总额已达40亿英镑，占各帝国主义国家对外投资的一半，相当于英国国民财富的1/4。英国到1914年拥有的殖民地面积达3350万平方公里，占各帝国主义国家殖民地总和的1/2，占全球面积的1/4，为英国本土面积的111倍以上；

拥有的殖民地人口达39350万人，为英国人口的8倍以上。在大量侵占国外领土的同时，英国又进行了大量资本输出。英国资本的输出，一半以上是投放在殖民地、半殖民地国家。英国最大的垄断组织也是产生在垄断殖民地原料生产和销售的领域。英国对外投资的收入是惊人的，不仅超过了工业的收入，而且超过了对外贸易的收入，英国成了典型的殖民帝国和食利国。

（四）法国

法国垄断资本主义在当时被称为高利贷帝国主义。法国垄断资本主义的发展和英国类似，它在向帝国主义过渡的关键时期，工业发展相对缓慢，生产和资本的集中的程度也远不如美国和德国。从人口的结构看，第一次世界大战前，法国的农业人口依然多于工业人口，法国总体上还是个农业—工业国。而在工业部门结构中，法国的重工业又不发达，当时在法国以时装和奢侈品为特色的轻工业占据优势。从企业的规模看，大量中小企业在工业中广泛地存在着。

法国和英国相似的是，占有大量的殖民地和输出资本。从殖民地的占有量看，1914年的法国拥有面积1060万平方公里和人口5550万的殖民地。就殖民地面积而言仅次于英国和俄国，居世界第三位。就殖民人口而言，则仅次于英国，占第二位。从资本输出的规模看，法国1869年的资本输出量为100亿法郎，到了1900年增至300亿法郎，而到1913年激增到600亿法郎，这一规模大大地超过了同一时期国内的投资，也使法国成为仅次于英国的资本输出国。

法国的对外资本输出多半是借贷资本，而不是对工业生产的直接投资。法国借贷资本投资的60%以上集中在欧洲，其中最多的是俄国，其次是土耳其、奥匈帝国、西班牙和比利时。大量输出借贷资本带来的巨额利息收入，加剧了法国的寄生性腐朽。在第一次世界大战前夕，法国有200万的食利者，食利者连同他们的家属，竟占全国人口的1/8以上，数目十分惊人。

（五）俄国和日本

俄国和日本当时的特点是军事封建帝国主义。俄国和日本垄断资本主义在许多方面是十分相似的。这两个国家的资产阶级统治的确立都是通过自上而下的改革实现的，因而两国的资产阶级统治在政治上和经济上都残留了浓厚的封建势力。在俄国和日本，资产阶级和地主阶级联合控制国家的政治经济生活，往往采取极端的专制主义政权形式。从时间上看，两国都是在资本主义没有充分发展的背景下进入垄断资本主义阶段的，而且在经济上依附着欧美先进资本主义国家。因此，俄国和日本在19世纪末20世纪初虽然也建立了垄断资本的统治，但在国内，社会关系中普遍存在着封建生产关系，在工业技术水平方面大大低于西欧和北美，大部分先进设备依赖于进口，而且几乎没有机器制造业的发展。在垄断组织的发展方面，辛迪加是俄国普遍采取的形式。在商业上，参加辛迪加的企业丧失了独立性，商品销售和原料的购买受到控制和限制，但在生产上，企业仍然保留其独立的生产性。这种垄断组织在俄国的发展，即只在商业上进行联合的垄断组织的大量产生，与俄国各个地区和各个部门之间在经济上和技术上的巨大差异紧密相关，这也与由封建生产关系的广泛存在导致的国内市场问题狭小有关。但是在日本，“财阀”是垄断组织的最高形式，财阀更是带着封建主义的味道。

俄国、日本的军事封建帝国主义，不仅具有浓厚的封建性，而且具有强烈的侵略性。两国的国内矛盾都十分尖锐，经济发展所面对的问题都十分棘手，为此，两国的垄断资产阶级与地主阶级联合，对国内人民进行军事镇压，并对外进行疯狂地侵略扩张，夺取国外市场和殖民地，借此来转移国内矛盾，转嫁危机。

第四节　稳定与调整：国家资本主义

从资本主义发展的历史时期看，国家资本主义时期是资本主义发展的战后新阶段。之所以是资本主义发展的新阶段，是因为国家纷纷在不同程度上采取了对资本主义的社会干预。在这里我们主要分析重要资本主义国家的国家资本主义。借助主要资本主义国家的国家资本主义模式，有助于我们把握国家资本主义的基本内涵。

从总体上看，资本可划分为私人的和集体的（或国家的），在垄断资本主义阶段，推动社会向前发展的主体是私人资本，而到了国家资本主义阶段，资本的主体性主要体现在国家资本上。因而国家资本主义是相对私人资本主义（垄断资本主义）而言的。

从资本的运作看，资本主义国家的政权与资本紧密结合在一起控制着社会的经济运行，其主要内容包括：一是国家资本在私人资本之外的大规模建立，但是国家资本并不排斥私人资本。二是政府对经济活动强有力的控制和干预，甚至在一定程度上主导着社会的经济生活。国家干预的主要形式是宏观调控政策，包括货币政策、产业政策、财政政策、收入分配政策等。

从资本主义发展的历史源流看，国家资本主义是承继垄断资本主义而来的，是资本主义发展在战后的新形态，这种新形态没有改变资本主义的社会性本质，而是突显了既不同于自由资本主义，又不同于垄断资本主义的时代新特点。

从资本主义的发展背景看，助推国家资本主义的动力主要有两种：首先是资本主义经济危机的发生严重影响社会经济的正常运行；其次是后起资本主义国家为实现跨越式发展而实行的赶超政策。主要资本主义国家在二战后所实行的国家资本主义政策，基本都是由这两种力量推动的。因而，从国家干预和控制经济的意义上，国家资本主义具有很强的社会主义色彩（但不是社会主义）。从资本控制社会的各个层面的意义上，国家资本主义的本质仍然是资本主义。通过战后几个国家的资本主义政策，我们能窥见国家资本主义的内涵。

一、日本的国家资本主义

日本在二战中受到了严重的打击，经济濒临崩溃。但是日本的科技水平仍处于世界先进水平，尤其是日本高素质的劳动力为二战后经济的起飞奠定了坚实的基础。二战后日本主要实行“赶超式”的国家资本主义。

战后与战前相比，日本减少了国家资本的比重，但是政府的经济政策仍然以生产为中心来展开。最明显的表现是，国家对企业的直接控制和干预程度下降，而更多的是通过经济杠杆——金融、税收等来调节经济的发展。值得一提的是，在日本战后经济发展中发挥了独特而重要的作用的是日本政府的行政指导和产业政策。战后日本的经济取得的成绩中，日本政府扮演了“开发政府”的角色。主要体现在：制定社会经济计划和经济政策，诱导企业进行符合市场要求和时代发展的正确决策，避免企业决策的盲目性和自发性。日本的国家资本主义有显著的特点：国家的干预与市场的调节能够协调统一，既能发挥竞争机制的生命力，又能实行各种政策限制；既能进行宏观导向，又能进行较为严格的微观监控；既有重点地保护和开拓国内市场，又逐步开放和拓展国外市场；既做到了积极引进国外先进技术，又迅速发展了国产技术；既鼓励私人企业展开正常的市场竞争，又组织企业进行协调、统一与协作。在一定意义上，日本战后的国家资本主义政策是资本主义社会国家资本主义的典范。

日本政府干预经济的特点是凭借产业政策和对经济的宏观计划，对企业进行强有力的诱导。日本的产业政策是被公认的实行的比较成功的产业政策，因为日本战后的产业政策极大地推动了日本经济的腾飞。战后，第三次科学技术革命方兴未艾，日本政府紧紧抓住科技革命的机会，对传统产业进行更新换代，以电子、信息技术为核心的第三产业极大地带动了日本经济的崛起。当石油危机发生后，日本政府大力鼓励发展节能技术和高技术产品，转变经济发展方式，发展集约型和节能型产业。此外，日本政府基于市场规律，以现实的、有力的经济计划来保证经济的高速运行。因而，日本经济得到了突飞猛进的发展。

日本政府进行经济干预的方式是多样的，主要包括：一是建立重点产业并扶植其发展；二是推进资源加速发展，保证能源的供应；三是保护并扶植幼稚产业的发展；四是进行投资水平指导，防止投资的盲目性和自发性；五是协调发展的合理化和反衰退卡特尔，增强经济的活力；六是分配外汇信用，增加外汇储备的弹性；七是调控日本的技术流动，保证日本技术的较高水平；八是控制外国直接投资，遏制外国资本对日本经济的影响；九是制定享有准法律地位的“行政指导”，增强经济发展的方向性和明确性；十是出版中、长期日本未来产业结构白皮书，引导经济向又好又快的方向发展。

但是自20世纪末以来，日本的国家资本主义模式也受到了一系列的挑战和威胁，国家干预的弊端日益凸显，主要表现在：首先，政府的保护过度，导致一些企业缺乏创新精神，企业的市场竞争能力得不到提高；其次，政府对不同企业的保护和偏袒政策，严重影响了市场的公平竞争，造成资源严重浪费；再次，政府要实施保护和扶植政策，就一定要支付巨额的财政资金，造成政府财政赤字严重；最后，日本的贸易干预政策，导致日元升值，给本国经济带来很大的负面影响。面对种种新挑战，近年来的日本政府不得已开始改革。但总体而言，日本战后的国家资本主义政策是成功的。随着时代的进步和经济全球化的展开，日本的经济改革也是势在必行的。

二、德国的国家资本主义

国家资本主义在战后德国的表现形式是“莱茵式”的，这种模式又被叫做“社会市场模式”的资本主义。在这种模式中，市场经济不是自由资本主义阶段的自由放任的市场经济，而是在社会指导下运行的市场经济，这一模式融合了市场经济因素和国家干预的因素。市场经济是通过价格和供求相互作用的机制形成的；在这一资本主义模式中，社会福利是对市场经济带来的不公平的调节和修正；国家的干预则是纠正市场运行的一些偏差。这一模式的公式是“市场经济+总体调节+社会保障”，这种模式的实质是建立在自由竞争基础上的，国家进行适当调节的，以社会的稳定和安定为目标的市场经济。

这种经济运行模式具有如下特点：维持有效的竞争秩序是基础；政府进行有限的干预是辅助；追求社会公平是目标；实行“高工资、高福利、高税收”是政策；银行发挥巨大作用是媒介。公平、有序的市场竞争秩序是社会市场经济的首要原则，也是社会市场经济体系的核心内涵。公平有序的市场竞争是保证经济稳定运行、取得最大经济效益的前提条件，又是各市场主体实现各自利益的有效中介，同时市场竞争还是权力分配的基础力量。

政府的有效干预在社会市场经济中占有重要地位。政府通过对市场经济的有效调节，为市场经济的运行创造宏观的发展环境。德国政府一直努力保持货币的稳定，几乎不实行扩张性的货币政策，但对产业组织和产业结构的调整却十分积极。与日本政府相比，德国政府更像一个分蛋糕而非做蛋糕的政府。德国政府在战前和战后都在努力构建一个组织化的经济体系：一是通过关税的保护；二是通过社会福利的调节；三是通过银行的鼓励投资。这就是德国“莱茵式”的国家资本主义。

德国“莱茵式”的国家资本主义，在消除社会不稳定因素，促进社会公平，维护劳动者的权益等方面成效显著。但是，随着经济发展的全球化和欧盟的扩张，社会市场经济模式也面临着严峻的挑战和危机。具体表现在：由于政府实行“高工资、高福利、高税收”的经济政策，德国经济的国际竞争力衰退，失业率攀高，社会保障的高额支出成为经济腾飞的负担。同时，高福利政策也影响了人们工作的创造性和积极性，经济增长乏力，人民的创造热情不高。由此可见，这一模式在过分强调“公平”的时候，却在一定程度上丧失了“效率”。在新的发展阶段，德国不得不进行适当的调整，统筹效率与公平两者的关系。

三、美国的国家资本主义

爆发于1929年—1933年的经济大危机标志着资本主义的震荡和崩溃。主要资本主义国家纷纷加强对宏观经济的干预和调节，在战后美国实行了“凯恩斯式”的国家资本主义。

经济危机的爆发直接推动了英、美等国走上国家资本主义的道路。20世纪30年代的“大萧条”是资本主义世界历时最长、损失最重的一次经济危机，这次危机影响了主要资本主义国家的发展走向。始于头号资本主义国家——美国的经济危机通过各种途径向世界各地扩散。在危机中，经济轰然崩溃。大量企业倒闭破产，大量劳动者失业。应对经济危机，罗斯福成为美国的“救星”——在美国实行新政：采用凯恩斯式的国家干预经济的经济方式，开创了利伯维尔场和国家干预相结合的资本主义新时代，这就是“凯恩斯式”国家资本主义。

面对经济危机，美、英等发达国家通过国家干预经济来调节经济运行以消除经济危机。财政政策是国家干预的主要手段，即通过扩大政府的财政支出来扩大社会有效需求，拉动经济增长。政府的财政支出主要用于购买私人的产品和劳务，而非用于建立生产性的国有企业，是为了扩大消费，而不是为了扩大生产。这一点和“赶超式”国家资本主义有着很大的不同。

美、英是实行“凯恩斯式”国家资本主义的代表国家，其实行的原因是制约国家经济发展的主要方面不是供给不足，而是有效需求不足，即生产大于消费而导致的生产过剩。英国和美国都是市场经济比较成熟的国家，生产过程中的集中和垄断大量存在，私营经济的力量占主导地位，国家的基础设施十分完备，企业技术水平较高，社会生产的供给能力非常强。但是，由于资本主义固有矛盾的激化和凸显，社会两极分化严重，广大人民无力消费大量的工业产品，有效需求不足，这严重制约着经济的发展。因此，扩大内需是这些国家克服危机的主要手段。

第五节　深化扩展：全球资本主义

全球资本主义，是从资本主义发展的时间和空间两个尺度上说的。从时间上看，当今社会已经进入全球化时代，全球化成为资本主义的重要内涵和内在规定，我们称其为全球化时代的资本主义。从空间尺度上看，随着苏联计划经济的崩溃和中国开始实行市场经济，资本主义在全球范围内取得了历史性的胜利，资本主义成为全球范围内的资本主义。从这双重视角来分析，我们能更好地领悟当前的资本主义发展状态，预测资本主义未来的发展趋向。

一、概览：全球资本主义

随着苏联、东欧国家社会主义政权的崩溃和中国实行市场经济，资本主义最终已经超越其欧洲的起源和西方的范围，成为一种全球的普遍现象。全球资本主义的实质是资本主义生产方式和利伯维尔场经济的全球化。所以，全球资本主义又被称为“全球自由主义”、“全球市场经济”、“世界资本主义”和“资本主义的全球化”，等等。由此可见，从全球资本主义的缘起看，其产生的直接原因有两个：一是苏联计划经济的崩溃，二是中国开始实行市场经济政策。这不仅标志着资本主义全球范围统治的确立，而且标志着资本主义进入了新的发展阶段。但全球资本主义出现的根本原因是全球化时代的到来，全球化时代是全球资本主义的根本理论出发点。我们正处在一个“全球化的时代”或“全球时代”，全球化在近年来的发展是我们这一时代的主要特征，也是全球资本主义判断的根据。

人类历史正在迈向全球化的新时代，这是能够深切感受并捕捉到的。与全球化趋势相一致，资本主义的发展也呈现全球化的特点。全球化的实质是资本主义生产方式在世界范围的扩张，是资本主义的全球化，也是资本主义在新时期的深化和扩展。根据这一逻辑，我们能够得出：所谓全球化时代就是全球资本主义的时代。全球资本主义时代的社会经济发生着深刻的变化，这不但推动着世界经济的发展，而且全球化的现象越来越明显，我们能感受到全球化正向我们逼近。在全球化时代，资本主义的各大要素已经超越西方国家，并成为全球范围内的普遍现象。这些基本要素包括：资本、市场、产品、劳动力和资本家。

经济全球化造成了资本的全球化。资本的本质是产生利润，资本流动的历史铁律是：哪里利润高就流向哪里。在全球化推进的时代背景下，资本逻辑是统治世界的神圣规律，资本流动的空间无所不在，资本可以流向任何产生利润的地方。资本在全球范围内的扩张和流动，突出地表现在对外投资的增长和国际资本的交叉控股。据统计，在20世纪90年代，全球对外投资年平均增长率超过10%，高于世界贸易年均增长率的7%。此外，国际资本交叉控股现象也与日俱增。例如，美国福特公司占日本马自达公司24.5%的股份，美国通用公司拥有日本五十铃汽车公司34%的股份，而日本三菱公司拥有美国的洛克菲勒公司80%的股权。

经济全球化造成了市场的全球化。扩展世界市场与资本的扩张是一致的，都是资本的内在要求。因而，经济全球化的过程也是市场全球化的过程。据统计，世界贸易总额在1995年就已经突破了6万亿美元，其中90%是在贸易体制中完成的。另外，从1990年到1995年，世界GNP增长率为1%，而世界贸易增长率却达到了7%。

经济全球化带来的还有生产的全球化。它一方面表现为生产的国际化，另一方面表现为公司的网络化。20世纪80年代以后，国际分工与专业协作进一步发展，协作网络已经形成，主要的产品生产和公司都已全球化。跨国公司在经济全球化中扮演着主角，它们约占有世界贸易总量的2/3，而公司内部贸易约占世界贸易总量的1/3。另外，跨国公司在推动着技术的开发和扩展，它们完成了技术贸易总量的80%，并同时支持着新技术的研究和开发。与此同时，经济全球化的推进，造成了全球的劳动力发展呈现两种趋势：一是对于没有专业技术的普通劳动力来说，他们已然被卷入全球化的生产链条中，成为全球劳动力的组成部分。二是对于高级专业技术人才而言，伴随着劳动力的跨国流动而成为管理者，一个所谓的国际经理阶层就在酝酿中形成了。

二、全球化：资本主义的现代趋势

全球资本主义作为资本主义发展的新兴历史阶段，既是全球化时代的资本主义，又是全球范围内的资本主义。全球资本主义既承继了之前资本主义发展的一致性与统一性，又有着与自由资本主义、垄断资本主义和国家资本主义相异的特征。总体说来，全球资本主义有以下特征：

首先，全球资本主义的根本结构特征是“一种新的国际分工”的形成。全球资本主义形成的基础是全球化的推进，而全球化的推进的根本动力就是世界范围内生产的分工与协作的国际化。分工与协作的国际化带动着资本、企业和劳动力在全球范围内的流动和配置，以达到资本的升值，即创造利润。新科技的应用、科学和技术的结合使理论的现实能力大大增强，这些新技术使生产要素在全球范围内寻找自己的最佳位置，以创造最大的社会财富。在全球资本主义条件下，生产要素的流动性大大增强，并成为资本主义扩张的最有利的武器和媒介。

其次，全球资本主义是“去中心化”的资本主义。全球资本主义是基于广泛的、深刻的国际分工而形成的，因而没有哪个国家可以说是世界经济的中心，在全球化的条件下，中心与边缘的差异已经被广泛的、深刻的国家分工所消解。各国的经济成为相互联系的整体，在经济稳定时期能做到互利互惠。同时，在经济的危机与被动期间，也没有哪个国家能逃过经济危机的震荡和破坏。

再次，资本主义在全球扩张的推动者是跨国公司。跨国公司作为联系市场要素活动的主体，游荡于世界各地的市场，穿梭于各个国家。在一定意义上，它们已经取代国家市场成为经济活动的中心。从资本的转移、商品生产和交换的角度看，跨国公司绝不仅仅是资本扩张的工具性产物，而且是变成了推动全球范围内资源配置的方式。

第四，生产国际化不仅是各个国家紧密联系的根源，还是全球各地走向分散的根源。全球在经济上、社会上和文化上趋于扁平化、同质化。但与此同时，也存在着一个并行不悖的分散化过程。从全球的视野看，没有资本主义的中心地带和边缘地带的区分，从地方的视野看，生产过程分散化地流入到各地方区域。诸如地区性的经济，贸易合作组织在近年来的快速发展，使得区域化的经济集团成为经济发展的当前趋向。例如，欧洲经济共同体、太平洋经济区、北美自由贸易区都在一定层面上反映了资本主义生产的分散化和游离化。不仅如此，同一国家内部不同地区的发展也展现出游离化的趋势，各地的差异不是随着资本主义的推进减小了，反而是扩大了和显著了。

第五，资本逻辑在现当代真正成为统治世界的根本历史铁律。资本主义的生产方式的全球化扩张使得全球范围都受到资本主义的统治，而资本主义的内在铁律就是资本逻辑的控制，资本逻辑因而成为现代社会的“圣经”。资本成为现当代的抽象统治，同时人也受到资本逻辑的强硬控制，没有哪个国家、地区和个人能够真正摆脱这种控制。在这个意义上，社会变得抽象了，人也变得抽象了。与此抽象化的过程相对应，人们的生活方式抽象化、扁平化、庸俗化了，人们在现代化的过程中“去神圣形象”的同时，也创造了新的“神圣形象”——资本的现代神话。

三、如何评价全球资本主义

从微观的生活视角看，我们不仅能够真切地感受到现当代全球化的力量，而且我们从全球化的历史进程中也能分析出全球化的利弊得失。我们所处的时代是最好的全球化时代，也是最坏的全球化时代。因为全球化给我们带来的不仅仅有方便、快捷、舒适的享受，而且有冷冰冰、硬邦邦的抽象。人在现代化的过程中，一方面变得比任何时代都具体化、感性化和现实化了，另一方面也变得抽象化了，人不再是原始的、真实的、自然的、感性的存在，而是与“物”在同一逻辑平面上的抽象存在。

从宏观的历史视角看，全球资本主义作为资本主义在现当代的现实形式，必然有其历史发展的必然性和客观性，也就是说，全球资本主义的产生，即资本主义历史逻辑演进在当代的必然产物，在当代的社会历史背景下必然会出现，并展示着全球资本主义的社会作用。在这一意义上，全球资本主义在当代是合理的。我们不仅从事实的视角——物的视角看，还从人的价值视角看，才能形成对全球资本主义的建设性批判。对全球资本主义的批判主要有以下几点：

首先，目前全球资本主义体系是不公正、不公平、甚至是非正义的，因为其历史缘起是对欠发达地区和国家的深刻剥削与压迫。正如伊曼努尔·沃伦斯坦和萨米尔·阿明等人指出的那样，现存的世界体系已经分裂为中心与外围两大部分，中心地区就是发达资本主义国家，而外围地区则是广大的发展中国家。这种情况在垄断资本主义时代就已出现，但那时的剥削和掠夺是明显的、武力的，而当今的这种剥削是建立在国际经济与贸易势力不均等的基础上的，因而必然会出现以大欺小、恃强凌弱的现象，并且是以隐蔽的方式实现的。

作为附庸的外围国家日益依附于中心发达国家，发达国家成为欠发达国家的主宰。齐格蒙特·鲍曼依据联合国的年度《人类发展报告》的数据指出：358名“全球亿万富翁”的总财富相当于23亿贫困人口（占世界人口的45%）的总收入。“实际上，只有22%的全球财富属于占世界人口大约80%的所谓‘发展中国家’。这就造成了深刻的两极分化，不仅是国家间的差距，而且是穷人和富人的差距，并且这种情况还在不断加剧。据统计，1991年，85%的世界人口只获得了15%的收入。难怪30年前由

20%贫困国家所占的区区2.3%的全球财富到了现在又进一步下滑，降至1.4%。”这种隐蔽的剥削与压迫成为欠发达国家和地区长期落后的根源，而且随着资本的扩张，这种差距还将继续拉大。

其次，全球资本主义没有消除两极分化，反而加剧了两极分化。全球资本主义所构建的是新的国际政治经济秩序，从力量的对比和博弈看，这是一种更为不公正的秩序。因为它在底层的基础就蕴含着导致权力、财富、自由、机会等不公正分配的种子，新的两极分化在所难免。这种两极分化表现为：发达国家与发展中国家之间、富国与穷国之间、南北之间的不平衡发展。不仅如此，发达资本主义国家内部也会出现弱肉强食的状况，发达国家资本也不是一个原始的有机体，而是一个利益的联合体，当为各自的利益奔走时，也会背道而驰。

第三，全球资本主义在创造全球资本家阶级的同时，也酝酿了一个新的阶层——新的全球工人阶级。与传统的资本家阶级和工人阶级的阶级对立一样，全球资本家阶级与全球工人阶级也是矛盾的，因为前者形成的基础是对后者的剥削和压迫。这种新的全球范围内的剥削，从空间的范围看，在国内和国际两个层面上进行。在全球视野下，全球资本家阶级对其他穷国人民的剥夺，正如阿尔诺·彼特举例所说：“在最富有的国家里，人们的消费额是最穷困国家消费额的400倍。也就是说，瑞士居民一天的消费比莫桑比克居民一年的消费还要多。然而，这还是平均值。富国大工业企业的经理们一天的收入高于穷国百姓一生的收入。而企业主的收入更高：一位南非矿产主的年收入为20亿美元，它相当于500万乍得居民年总收入的三倍。”在本国的视野下，全球资本家阶级对本国工人阶级的剥夺毫不逊色。新的全球资本家阶级在全球范围内剥削的同时，并未放弃对本国人民的剥夺。本国的工人阶级的生存境遇不仅没有根本的改善，反而更加恶化了，因为在深层次上，劳动力变得工具化、市场化和廉价化了，工人的主人地位成为无稽之谈。

第四，全球资本主义弱化了民族国家的主权神圣性，为超级大国的国际干预找到了冠冕堂皇的借口。在全球资本主义的社会经济环境下，跨国公司成为左右历史进程的主导者。跨国公司的首要目标就是取得最大限度的利润，当利润的获得遇到障碍时，跨国公司就会横加干预。发达国家及其跨国公司主导着经济全球化的进程，制定着经济运行的规则，操纵着内政和外交的政策，当利益受到损害时，跨国公司及其利益的代表者往往会“变脸”。国际集团和组织已然成为超级大国实现利益的工具和手段。

最后，全球资本主义是后殖民主义的推动力。全球资本主义标志着世界旧殖民体系的终结，但是后来独立的发展中国家在经济上又以各种情愿或不情愿的方式被纳入到全球资本主义体系之中。面对资本主义的对外扩张，后起的发展中国家无力抵抗，只能顺从，这就形成了全球化时代的殖民主义——后殖民主义。阿里夫·德里克认为，“后殖民性”是全球资本主义条件下知识界的状况。他说：“指出后殖民主义与全球资本主义之间存在联系并不意味着全球资本主义是后殖民主义的‘原因’，或者后殖民主义仅仅是全球资本主义的意识形态。恰恰相反，可以说，后殖民主义本身是正在形成中的全球资本主义的文化、意识形态组成要素。”我们可以这样来理解，后殖民主义是全球化时代的殖民主义，也是殖民主义在全球化时代的变种，但从实质上讲，殖民主义的剥削、掠夺和压迫性实质并未根本改变，而是变得更加隐蔽、无声而深刻了。

第二章 认识资本主义

经过几个世纪的发展，资本主义从无到有，由弱到强，在世界近现代历史上创造了不朽的神话。在当代，资本主义仍然是一股强劲的世界性力量。这样，通过“走近资本主义”来“认识资本主义”就显得尤为必要了。在资本主义发展所展现出的光怪陆离的神话背后，有着资本主义的核心内涵和规定性，这些内涵和规定性就是资本主义的基本特征，这些特征既是区别于社会主义和封建主义的标志性根据，也是我们对举社会主义和资本主义的判断根据。

从总体上看，资本主义经济的运动以私营经济为主，没有政府干预或者政府干预很少。在政治上，资产阶级政党掌权，或实行资本主义的民主政治制度。在文化上，资本主义通过经济、政治等各种方式建构起社会的意识形态，形成既为资本主义做辩护、又推动资本主义发展的文化上层建筑。从微观上看，资本主义拥有以下的特征：对生产工具的私人所有权；私人企业的主导地位；对私利和利润的最终追求；利伯维尔场的存在；经济成长和流动；自我组织。

第一节 “阿基米德点”：私有制

生产资料的私人所有权是在生产资料归谁所有的问题上对资本主义的核心规定。资本主义的历史进程表明，资本主义的私人所有制是资本主义能够延续到今天的不二法门，也是资本主义存在的历史合理性。在制度层面，资本主义的最主要特征是以法规制度来确立和保护私人的财产，尤其是对生产资料的私人所有权。在与社会主义相比较的意义上，资本主义坚持私人财产的个人所有权，特别是生产工具的私人所有权。在资本主义缘起和运行的意义上，私有制是资本主义的“阿基米德点”，即私有制构建和支配着资本主义的运行。

从私有制的历史渊源看，私人所有权漫长而悠久。但是，现代意义的私有制却是资本主义的一大特色。私人财产权的法律制度在古代社会早期（如古罗马）便已存在，但对于这些权利的保护则较为困难，因为当时罗马没有警察，而且社会的动荡也导致这种保护形同虚设。但在资本主义的经济政治体系下，社会的稳定性大大加强，私有制成为“神圣不可侵犯”的社会原则，并获得了经济、政治和文化的多层面承认。近代思想家为资本主义的发展奠定了思想基础，他们也认为保护私有财产是成立国家的基本目的，如洛克等人就认为成立国家的目的是保护私有财产。资本主义的支持者坚持在生产工具不受政府控制的情况下，能将生产要素最大程度地转化为有效的社会生产力，这就是自由资本主义的基本理论的出发点。路德维希·冯·米塞斯主张“在历史上，生产工具的私有化程度，是和人类从动物状况进化到现代文明的发展一致的”。在现代社会，政府总是在一定程度上占有社会生产资料，支配着一定数量的社会资源，但这始终不是资本主义的本质规定。只有绝大部分的所有权都归私人拥有的经济体系才能被视为资本主义，也就是说，只有私有财产在社会的运行过程中占有绝对支配地位的社会才是资本主义社会。

第二节　“活力”：私人企业

与生产资料的私人占有制相对应的社会生产组织形式是私人企业。私人企业是资本主义社会的基本细胞，也是几个世纪以来推动资本主义向前发展的主体性力量。在资本主义经济的运行系统里，公司是生产能力的主体，是社会经济运行的真正“活力”。

法人是资本主义制度的独特的组织，它可以用作利益和非利益的用途。这种实体在法律上像自然人一样承担法律责任，但股东只需承担相应的有限责任。特定形式的法人由股东担任，股东在市场上自由买卖股票。股票是被转化的公司的财产，股票可以很容易被买卖。从产生的历史看，股票最早在17世纪的欧洲出现，并从那时开始逐渐扩张和发展，并在当代社会成为经济运行链条上的重要一环。当公司的所有权由许多股东共有时，股东根据股份份额在公司内部行使支配权。

在所有权的意义上，公司的生产能力属于公司的股东们。在法律和公司能力的范围内，股东要决定如何使公司具有更大的生产能力。在大型的公司里，公司生产能力的发挥往往需要一整套复杂的运行机制来保障。重要的是，公司的股东能够定期分享利润和分红。可见，利润是股东追求的目标。另外，股东也能将这些利润进行再次投资，使资本流入市场运作并升值。在公司经营不善的情况下，他们也可以将公司变卖，并转化为现实的资金。股东以预估未来公司能产生的利润为基准，卖出生产能力的所有权，通常都是以最大化的价格或是净现值法的价格出售。因此在利润的刺激下，公司能够最大限度地保持并扩大公司的生产能力。无论如何，利润是公司和股东的直接目的，因而许多人将利润看作资本主义繁荣的重要原因。这就是以私人企业为主体的资本主义制度的合理性与合法性，因为公司在深层次上满足并完成了人对私利的追求目标，并在社会的层面上创造了大量的社会财富，繁荣了社会经济，推动了社会的发展。

第三节　社会本性：追求私利

在资本主义社会中，个人占有生产资料，以私人企业为载体，追求的就是私利和利润，创造更多的社会财富和剩余价值，所以追求私利和利润也是资本主义的本性。个人对私利的追求是资本主义不可或缺的成分，利益和利润是资本主义追求的终极目标。个人对私利的追求是与私有制、利伯维尔场、企业相一致的，在资本主义的社会环境下，这些主体性因素能够以最佳的方式组合起来，创造满足个人生活的基本要素和条件，在个人发展和社会进步的意义上创造其积极价值。

资本主义的经济制度里，利润是社会经济活动的直接目的，也是推动资本主义发展的永动引擎。“拥有土地和资本的物主们，以及他们所雇用的劳工们，都能自由使用他们的资源和劳动力进行生产，以追求最大的利润。”亚当·斯密坚信利己主义的信条要比利他主义更具有说服力，因为人的经济行为都是从自我出发并服务于自我的，借由追求他个人的利益，一个人将能更有效地提升这个社会。我从来没看过有多少好事是由那些为了“公共利益”而干预贸易的人达成的。这种利己主义的价值观确立了资本主义社会人的基本价值信念，同时也推动着资本主义社会的向前发展。不仅是亚当·斯密，艾茵·兰德也同样写道："美国的富裕并非是由那些替公共利益牺牲的人所创造的，而是由那些追求各自利益和私人财富、具有生产力的天才自由人所创造的。"可见，私人出发的利己主义信条不仅构成了推动人们进行社会创造的动力，而且也创造了人自身的存在，确证了人自身的价值。社会学家和经济学家马克斯·韦伯主张，"资本主义与对利润的追求相同的，由刻意而理性的资本家们进行"。理性是资本主义追求利润的基本方式，这是区别于其他的社会形态和社会制度的，追求私利在任何的社会形态都广泛存在。不过，那并非是资本主义独有的特色，古代狩猎采集时期的社会也有交换和贸易的利益行为。在资本主义的经济氛围下，利润不仅构成了经济成长的必要条件，而且也成为了社会进步的助推力。资本的扩张就是社会财富的扩张和升值，经济成长的利润部分又不断地进行投资，而不是将其消耗掉，这是资本主义的社会本性。

第四节　活动空间：利伯维尔场

利伯维尔场是资本主义发展的必要条件，是资本得以成为社会性力量的媒介。因为在现代社会，人的一切行为都是具有经济性的行为，所以人们的行为都离不开市场而存在。但仅仅有市场对资本主义来说还是不够的，资本主义所需要的是自由竞争的市场，即资本能够在其中自由地流动，并实现资本的升值与扩张，进而使资产阶级获得私利和利润的市场。

利伯维尔场的存在具有很大的社会意义，这表现为：所有针对货币、产品和服务的经济决定是自愿进行的，这就使得人的经济行为不受到强迫和诈骗的束缚，这是资本主义的一大特色。其他社会形态下的经济制度则阻止或限制个人拥有生产工具或强迫必须共享之，同时人们的经济决定也受到强力的左右，这些不是利伯维尔场的特点，也不是资本主义的特点。理想的利伯维尔场制度是所有的经济决定都是自由的，也就是说，市场主体之间互相贸易、谈判、合作和竞争是由市场——其核心是竞争来决定的。在一个利伯维尔场时序中，政府的主要作用是维持市场的正常运行，而不是主动干预市场的运行，但也不会自由放任，因为自由放任将导致市场的混乱。也有一些主张资本主义与独裁主义的政府可以并存的人，主张利伯维尔场可以脱离资本主义而存在。我们认为，利伯维尔场是资本主义的存在前提，而不是相反。资本主义的社会系统提供了利伯维尔场存在的温床，因而利伯维尔场在资本主义的社会秩序下是最好的，但这并不代表资本主义是利伯维尔场的存在前提，正因为如此，社会主义也可以允许市场的存在，而且也是一定意义上的利伯维尔场，即社会主义市场经济的理论根据。

在利伯维尔场里，经济活动的进行是通过价格和竞争机制进行的。因而，产品和服务的价格是由买卖双方的价格协议所决定的，这是市场运行——资本主义运作的内在规律。商品的价格是购买者愿意支付购买商品的价格和销售者愿意卖出其商品的价格，直接由供给和需求（以及贸易的数量）共同决定的。用抽象的经济理论来说，就是价格是由供给和需求的曲线的交点所决定的，这个交点代表了购买者愿意购买（和销售者愿意卖出）特定数量的产品的价格。价格与供求相互影响和制约，这是市场运行的核心。

与此同时，并不是所有人都认为利伯维尔场是价值无序的存在，因此，国家常常以“市场失灵”的借口干预经济。市场失灵指的是那些市场无法有效提供或分配资源及服务的状况。政府对此施加干预的理由就是利伯维尔场如果缺乏“完全情报”和“完全竞争”。

不仅如此，经常被举出的市场失灵现象还包括了垄断现象和不公平交易，如价格诈欺。即使工资被认为是中性的东西，也经常被批评会造成收入分配的不均衡。

第五节　“生命线”：增长和流动

和资本主义追求利润的本性相一致，资本主义的“生命线”是经济的增长和流动。利伯维尔场的存在是资本主义的活动空间，资本要实现其增殖的社会功能就必须借助于市场，而资本在市场中的功能则是推动经济的增长和流动。可以说，没有经济的增长和流动，资本主义是不可想象的，也是不可能的。

资本在市场的空间里寻找其用武之地，实现资本的增殖，即价值的创造。以贸易和财产作为核心角色的资本主义，便是为了促进资本的成长。

经济的流动性表现为经济和一个社会的“成长”，流动性代表社会生产要素的交换和优化配置，这种交换和配置往往能够产生社会财富。与封建社会相比，资本主义社会财富的流动性是快节奏的，它不具有很强的稳定性和固定性。因而在资本主义社会，个体的社会财富稳定性很弱，而在封建社会，土地、财产的稳定性则很强。在资本主义社会条件下，形式化平等、公平的社会竞争环境为经济的流动创造了良好的社会环境，人们的主体性和创造意识推动了人们在社会范围内寻找资本升值的空间，这就是资本在市场中的运作所达到的社会财富的增加和资源的优化配置。

相比之下，社会主义社会的流动性则大大下降，因而社会主义将更多财富分配给社会利益用途，从而减少了资本的流动性，尤其是对那些拥有资本并想以此贸易的人而言，只有资本流向市场才是流动性的开始。因此，收入的大量变动并不一定代表着收入的流动性大。比如，有些人定期接收薪资，薪资也随着工作年数增加，而这种变动在本质上并不一定代表“流动性”，因为资本并没有在市场中实现流动和升值。

第六节　独立品格：自我组织

资本主义经济系统的一大特点是自我组织，因为在资本主义经济体系下，经济的运行主要是由企业推动的，企业像有机体一样，能够实现自我的生长、发展和壮大，并建构起一系列的社会经济、政治和文化联系。企业能够自行组织成为一个复杂的系统，而无需外部的指引或计划机制。这种现象称为“自我组织”。自由资本主义阶段的核心思想和基本信念就是资本主义的自我组织。

但资本主义的自我组织并不排除政府在一定程度上的刺激和干预。而且，政府的干预在现代资本主义经济运行中越来越显得重要并且不可或缺。经济危机的发生是资本主义自我组织缺陷的警钟，但从长远的经济运行看，资本主义的自我组织是伴随着资本主义经济发展的恒定法则，即如果有资本主义的存在，资本主义的自我组织便始终是资本主义的主导力量。因而，资本主义的自我组织是体现“资本”独立性的根本方式，只有以自我组织的方式才能够实现资本追求利润的根本目的。在这个意义上，资本主义的自我组织是与社会主义根本区别的。

通过“走近资本主义”和“认识资本主义”两章，我们已经能够对资本主义有一个大致的概观。在认识资本主义方面，伟大的无产阶级革命导师马克思是先行者和带头人，他通过对资本主义本身的判断和诊断——集中体现在《资本论》中，为我们认识资本主义提供了丰富而深刻的思想资源，深入挖掘和阐释马克思的思想资源和历史成就是我们当代坚持和发展马克思主义的一大历史任务。在当代社会，也就是资本主义依然甚嚣尘上的历史背景下，我们如何站在马克思主义的立场，审视资本主义的发展史和基本特征，更好地将资本主义的认识深化、扩展就成为一个重要的思想问题。马克思为我们留下了丰富的思想资源供我们学习，基于对马克思主义的继承和发展，我们能更好地认识社会主义和共产主义。在此意义上，马克思主义具有与时俱进、开拓创新的时代价值和历史意义。

第三章　资本主义存在的缺陷

不可否认，资本主义的出现对人类历史的发展做出了深刻而又重要的贡献，资本主义打破了封建社会通过血缘关系进行世袭统治的藩篱，废除了在封建社会赋予王公贵族终生的高高在上的绝对地位，消灭了封建王朝直接而又残酷的无条件剥削制度。

在封建社会时期，王公贵族天生就是劳苦大众的主人，百姓注定是上层统治阶级的“奴隶”，生活苦不堪言，苛捐杂税数不胜数。即便是在所谓的“太平盛世”，百姓的悲苦命运也不会得到改变。此外，封建社会时期的生产力水平极其低下，生产工具和生产方式极其落后。封建社会时期的生产方式是极其单一的，仅仅只能自给自足，在社会交往中虽然存在交换关系，但这种交换是非常单纯的物与物之间的交换，其目的只是为了满足基本的生活需要。吃饭、穿衣、买房……这些是最基本的生活需要。购物、赏玩和享受型消费只供上层统治阶级专有，但这些人是社会当中的极少数分子，占人口多数的平民百姓仅仅生活在只为维持生命活动本身的挣扎之中。社会的两极分化过于严重，财富的分配过于集中，百姓的生活苦不堪言。

资本主义的出现在一定意义上实现了人与人之间平等的要求，打破了人类长期靠血缘世袭居住宫殿的权利。在资本主义诞生前，无论是奴隶社会还是漫长的封建社会，人类能够居住在宫殿的权利，都是由贵族靠战功、血缘世袭而来的。后来由于资产阶级革命的爆发，这种靠血缘世袭居住在宫殿的权利被彻底打破。这种以往靠世袭来获得享受的权利，被资产阶级改造为按照资本大小来安排了，这在一定意义上为平民的经营奋斗创造了机会。资本主义的出现造就了人类工业文明的辉煌灿烂，纺织机、蒸汽机、火车的出现大大地提高了当时的生产力水平，促进了当时的经济发展。工人的出现，使得大批农民开始进入城市，城市的发展渐趋成熟，在人类的平等、自由和民主等方面，创造了物质基础和社会制度的保障。此外，由于资本主义的产生，宪政民主的人类高级文明政治制度也随之诞生了，政治不再是封建社会为少数贵族阶级服务的工具，而成了为资本所有者，甚至是为平民服务的工具；在资本主义社会里，政治必须接受社会公众的监督和支持，并服务于社会公众，而不再是封建社会所具有的“率土之滨莫非王臣、普天之下莫非王土”的森严等级形式。因此，从这几方面看来，资本主义的产生，深刻地推进了人类文明前进的步伐，加速了科学技术的应用程度，为人类文明的传播作出了巨大的贡献。资本主义的出现不仅大大提高了封建社会时期的生产力水平，同时也改变了当时的生产生活方式，改变了以往落后的生活局面，打破了自给自足的生活方式，产品之间的交换变成市场上的主流现象，农民开始进军城市，工业的发展开始步入正轨，工人阶级的出现为大工业的发展提供了源源不断的劳动力，人类文明开始进入崭新的一页。

但是，资本主义的出现在给人类的发展带来无穷福祉的同时，也造成了严重的消极影响。资本主义的本质在于通过先进的生产力和生产方式，不断地追求经济利益，以变戏法的模式变换着追求资本利润最大化的形式，而这种对资本利益的不断追求却是建立在牺牲其他任何条件的情况下来满足自身的。为了追求资本利润，资本家可以对工人进行无情地剥削，当这种剥削方式遭到工人反抗的时候，他就会改变以往的剥削方式，通过延长工作时间或者是通过增加一定的工作量的形式来进行剥削。此外，为了追求资本，资本家不惜破坏大自然，把生产利用后的污染性废水、气体无休止地向自然环境中排放，对动物进行滥杀，整个大自然的稳定秩序被资本主义金钱至上的理念所破坏。因此，在人类文明史上，资本主义制度由于其本质的破坏性注定其难逃灭亡的悲剧命运。

第一节　虚幻的资本主义

一、"民主"下的幌子

真正的民主，是指多数人的民主，是指多数人的利益得到维护和保障。但是，在资本主义社会里，民主被赋予了另外一种意义，这种民主的目的不是为了维护多数人的利益，而是极力把权利转让给少数人——资本家，尽一切可能来维护这些人的利益。资本家起初是扮演革命者的角色，是推翻封建统治的中流砥柱，但是他们反抗的目的不是让受封建统治和压迫下的所有人都得到解放，而是要把权力的中心从封建统治者那里转移到自己手中。比如，17世纪圈地运动中形成的英国资产阶级的对手有两个：一个是反抗圈地的农民，一个是封建专制的君主。国王一方面向资本家乱收税，另一方面又不积极配合资本家掠夺农民，激起了资本家的反对。为了掠夺农民，就要先制服国王；为了制服国王，便要先利用农民。这就是英国资产阶级的如意算盘。被资产阶级独占的议会，摆出一副为民请命的架势，骗取农民的支持，依靠农民推翻了国王。推翻国王后，代表农民主体的平等派提出了民主要求：要获得选举权，分享议会权力。资产阶级则坚决反对，极力维护资本家的选举特权。以资产阶级新贵族集团代表人物克伦威尔为首的独立派与代表农民的平等派激烈争执，斗争最后以克伦威尔将平等派彻底镇压而告终。资产阶级反对君主专制，更反对全民民主，其目标仅仅是建立由其独享的议会寡头统治，这就是英国革命的实质。

因此，在资本主义社会里绝不会有真正的民主，所谓的“民主”不过是那些占社会上层地位的资本家们所专有的，是用来谋取其私立的特殊权利而已。资本主义拥有这种特殊的权利，才能够维护其至高无上的统治地位。这种民主只有在资本主义社会占上层地位的统治资本家才能享有，他们通过所谓的“民主”外衣，靠所谓的“人人生来平等”的口号蒙骗大众。表面看来是人人都享有使用民主的权利，但是究其根源，资本主义的民主是受那些掌握国家大多数资本的资本家控制着的。资本家所做的一切都是为了资本的不断积累，在不危及资本利润增长的情况下，“民主”是按照“和平”的方式演进的，但是当触及资本积累的进程时，资本家的真实面目就会在维护自身资产的时候暴露无遗。资本家为了维护自身的利益可以利用任何手段，只要能达到目的，就在所不惜。而深受其害的往往都是生活在社会下层的民众，是那些为了生活而奔波的无产阶级，他们是真正的受害者。因此，在资本主义社会里，不存在真正的民主，所谓的民主在本质上不过是资本家为了维护自身的利益而使用的幌子而已。

二、社会主义民主与资本主义民主的本质区别

社会主义制度和资本主义制度是人类社会历史发展进程中两种不同的社会制度。社会主义制度之所以与资本主义制度有所不同，原因就在于，社会主义制度不仅较之社会主义制度之前所有的社会制度有着巨大的优越性，而且在对待民主这一问题上还有着很高的优越性。虽然资本主义制度作为在人类历史上最为接近社会主义的制度，但在看待民主这一问题的立场上却与社会主义制度大相径庭。

首先，资本主义民主的实质是为了适应资本主义发展的私有制经济基础，并为之彻底服务的，而社会主义的民主是建立在生产资料公有制基础上并且全心全意为人民群众服务的社会制度。资本主义的私有制经济制度是建立在对大多数人剥削的基础上而建立的，其根本目的是为了维护资产阶级的利益，资产阶级高唱的所谓的“民主”永远都是为了维护在人数比例上只占社会群体极少部分的人，但却实际占有社会资本的绝大部分的人的利益。因此，资本主义制度所表现出的不民主首先就是经济上的绝对不平等。而社会主义却与此不同，社会制度所实行的是生产资料上的公有制，生产资料的公有制说明人们在经济上首次实现了平等，建立在经济平等上的民主才会真正具有民主的意味。追溯人类历史上出现的社会制度，在原始社会当中，人们考虑的不是

要在经济上实现平等，而是要考虑能不能生存。因此，在这个社会历史发展的阶段上还不能涉及到经济上的利益问题。到了奴隶社会，社会开始分化，生产资料全部归奴隶主所有，奴隶主对于奴隶阶层具有绝对的统治地位。因此，这时要谈经济上的不平等是很可笑的，因为奴隶阶层在奴隶主的控制之下连最基本的生存权利都是成问题的。所以，奴隶社会是一个极其野蛮、极其不人道的社会。到了封建社会，人的生存权利已不再像奴隶社会时期受到控制，封建社会较之奴隶社会是有很大的进步的，至少人作为人，在基本的生存权利上是有保障的。但是封建社会仍然不是一个健全的社会，它的缺陷还有很多，而就我们所探讨的经济上的归属权上来说，封建社会是家天下的。在生产力还不够发达，农业耕种还占社会经济来源主流的社会上，全国的土地只归皇帝一人所有。因此，此时的私有制是绝对的私有制，是归个人所有的私有制，是仅仅归一人所有的私有制。资本主义废除了封建社会当中财产归“一个人”独有的局面，从根本上消除了封建王朝在人类社会历史上延续的可能，解放了经济财产被“独吞的”的居民，但是资本主义是没有这么仁义的，在取缔了皇帝专有的特权之后，资本家很快对这一财产进行了瓜分。因此，资本主义制度只不过是换了一副面孔继续进行剥削的阶级，生产资料仍然是归私人所有，只是在形式上有了变化。深受苦难的仍然是生活在社会最底层的劳苦大众，是那些真正创造社会财富，推动社会历史进程的无产阶级。社会主义是人类社会历史进入共产主义社会的必经阶段，是对资本主义的扬弃和超越。社会主义制度把生产资料从资本家手里没收，把财产交给人民处理，把土地分配给人民，首次实现了经济上的公有。因此，社会主义制度下的民主是建立在财产公有制基础上的民主，是真正的民主。

其次，资本主义制度下的民主和社会制度下的民主是少数人和多数人的首次对决。在资本主义社会里面，民主掌握在资本家的手里，因此，民主的意义在资本家的控制之下又被赋予了另外一层含义。资本主义制度下的民主是为了维护少数人的利益而生的，这种民主是失去内涵的民主。资本主义整日都在高唱“天赋人权”、“人人生来平等”的口号，但是除了华丽的外表之外，资本主义制度实际带给人民的是什么？是剥削，是欺诈，是异化……资本家实际上是一群穿着华丽衣服却在私底下进行着肮脏交易的伪君子，是对无产阶级进行无情剥削和奴役的阶级。资产阶级由于其自身所代表的阶级局限性，是不会得到广大劳动人民的认可的。而社会主义与此却恰恰相反，社会主义把权力交给人民，让人民成为自己的主人，让人民主宰自己的命运，让人民规划和享受自己的生活。人民不再需要考虑第三方的压力，只需考虑自己如何可以过得更加充实、更有意义，这样的民主才是真正的民主。而这样的民主只有在社会主义制度条件下才能实现，资本主义制度是万万不能做到的。

最后，资本主义民主和社会主义民主是虚伪和真实的较量。资本主义从其出现的那一日起，就从来没有谈论过真正的民主，资产阶级所讨论的民主始终都是带着面具之后进行的争论，而从未触及过根本。因为资产阶级争论的目的是如何更好地维护自身利益，而不是要废除这个制度本身。资本主义的民主始终都是金钱交易下的民主，金钱至上是资本主义制度奉行的一贯原则，并且毫无羞耻心地对这种肮脏而又丑陋的原则进行宣传。在服务行业里，服务人员可以得到受服务者的小费，事实上，在资本主义社会里这并不是一个个别的现象，而是极其普遍的。因为在资本主义社会里是通过消费来得到尊严的，而这一点确实是与资本主义所宣扬的口号矛盾的。让我们再看一看西方资本主义国家的大选。西方展现的资本主义国家的竞选场面是极其壮观隆重的，是通过精心的、华丽的包装之后所展现出来的，而参与大选的人绝不是无产者。在资本主义社会里，金钱决定一切，在大选时也同样如此，大选不是对政治和改革能力的较量，而是资本的比拼，资本付出的多少严重关系到大选支持率的多少。不论是在日常生活的交往过程当中，还是在涉及全国人民幸福安康的重大决策时，资本始终都起着关键的作用。因此，资本主义制度下的民主是虚伪的民主。而社会主义社会所实现的是人类社会的真正民主，在社会主义社会里，人与人之间的关系是真实的平等，是通过没有掺杂任何外在因素而建立起来的真实的、单纯的交往关系，是不涉及到资产利益关系的，不是矫揉造作，而是朴实无华。因此，社会主义的民主才是真实的民主，是真正的民主。

第二节　贪婪——对资本积累永恒不懈的追求

资产阶级毕生追求的目的就是要扩大自己的资本积累，就是要使自己的腰包鼓起来。当然，这只是对资本主义关于资本积累的一个比较形象的比喻而已，但是这一形象、通俗地表达并揭露了资本主义的社会制度内部造成这一现象的根源，即对资本积累的强大欲望。在资本主义社会里，由于这种对于金钱的无限崇拜，以及在资本积累上所表现出来的崇高热情，人的生活被金钱所左右，人的价值意识和价值取向被占有资本的欲望所驱动，人失去了生活的基本方向，失去了人生活的意义。

在法国著名文学家巴尔扎克的小说《欧也妮·葛朗台》当中，巴尔扎克所刻画的葛朗台的形象生动地诠释了在资本主义社会当中以资本积累为主要生活目的的被扭曲的人格。小说当中的葛朗台视财如命，贪婪而又吝啬，为了赚取钱财，可以采取任何手段，最终成为当地首富。但是在成为当地最富有的人之后，葛朗台的工作不是扶危济困，而是做了一个华丽的转身，转眼之间变成了一个极其吝啬的守财奴。葛朗台爱惜自己的钱财，把金钱视作自己最好的朋友，看作是自己生命的全部，对于金钱的热爱超越了一切兴趣，爱财如命的他可以在黑夜独自到地下室抚摸着自己“心爱”的钱币入睡，即便是在他弥留之际，还要求他的女儿看管好自己遗留下来的资本，好为升入“天堂”的他报账。由此可见，对于资本积累的热情可以驱使一个人改变他所有的生活意义。

在这部小说当中还有一位对金钱具有强烈崇拜精神的主人公，就是夏尔。在小说当中，夏尔同样是一个被金钱奴役的、非健全的人，但是较之葛朗台，夏尔是幸运的，因为在他的生命里还有一个叫欧也妮的姑娘深深地爱着他。为了收获更多的钱财，能够发迹，夏尔想要到海外去冒险，但是此时的夏尔除了爱情却一无所有。正在这时，夏尔得到了欧也妮的资助，得以到海外发展。当夏尔满载他的金钱和荣耀回到家乡时，人们发现此时的夏尔已不再是以前的夏尔了，被金钱膨胀的他只希望在此基础上获得更多的财产和显赫的社会地位，爱情对他来说也失去了吸引力，整个人只是在为财富而“奋斗”。灭绝人性的夏尔没有选择迎娶深爱着他并且对他有过帮助的欧也妮，反而为了追逐名利，为了获得更多的资产，狠心地抛弃了深爱着他的欧也妮。

因此，从小说当中的两个典型人物就可以看出，资本主义内部关于资本积累的深层欲望是推动资本主义发展的主要动力，而对于资本和金钱的过分盲目追求造成了人性的冷酷无情和人性的丧失。这种对金钱的过度崇拜和对资本积累的盲目热情是资本主义社会发展的内在深层动力。

第三节　生产力与生产关系的尖锐矛盾

生产力和生产关系的相互作用是推动社会历史发展的主要动力。在资本主义社会里，生产力已经发展到了一个很高的程度，马克思曾说：资本主义所创造的财富相当于之前几个时代财富的总和。可见，资本主义所创造的社会财富之多。但是要清楚，资本主义所创造的财富，不是归全体人民所有，而是仅仅掌握在少数资本家的手里，资本家的财富是靠对工人的剥削和压迫而不断积累起来的，这种积累方式是残酷的，是没有人性的。

随着人口的增长，社会交往的扩大，人的需求的不断增长，商品生产者之间竞争的加剧……以往手工作坊式的生产方式已经远远不能满足社会的需要，科技革命的兴起，各种各样的新兴技术被不断地应用到商品生产和商品输送的关系链条当中，由此也就使得生产工具不断更新。以往的手工生产已经完全不能满足商品快速生产的需要，机器的使用势在必行。因此，在商品生产上，大量的机器被投入使用，以前是小规模的引用，后来变成大规模的。机器的引入，大大提高了生产效率。与此同时，商品不再是像以往只在个别地区生产，然后就在个别地区销售的模式。商品流通的扩大要求交通工具进行变革，交通上的便利，使得商品走出了个别的地区，从而进入各个城市，商品具有了“世界性”的独特意味。

社会的生产力水平显著提高，以及圈地运动给农民带来的迫害，导致大量的人口从农村源源不断地被送入城市，这种现象在一定程度上为商品的生产创造了大量的工人。可以说工人的大量出现，为社会发展提供了充足的生产力。这在以往的时代是不可想象的。

随着工人的大量出现，与此相匹配的应当是生产关系与此相适应。但是在资本主义社会里不是这样，资本主义社会当中生产力与生关系之间的矛盾从未停止，而且一直处于尖锐的矛盾当中。资本长期地积累在资本家的手里，而工人作为创造社会财富的主体，却始终处于水深火热当中，工人的生活状况一直未能得以改变。工人创造的财富越多，他的生活就越困苦，因为工人创造的财富都被资本家无偿地占有了，留下的只有一些仅仅能够维持生活的资料。资本家利用提高工作强度、延长工作时间等方式不断地对工人进行剥削和压榨，导致工人的生活一日不如一日。工人通过出卖自己的劳动力，为资本家创造财富，但是工人在出卖自身劳动的同时，却不能得到相应的回报，最终导致两者之间的矛盾的激化，造成激烈的冲突和斗争。例如，19世纪爆发的三大工人运动就是这一矛盾的结果。

在现代社会，资本关系随处可见。从表面上看来，这一状况已经不再像19世纪那样出现激烈的矛盾冲突，但产生这一状况的实质却一直没有改变。工人生产的财富始终不能完全归自己所有，工人所得到的仍然是他所创造的财富的一小部分而已，资本家只是换了一种方式掩盖了狰狞的面孔，他们带着温柔的面具对工人进行剥削。只要资本主义存在，生产力与生产关系之间的矛盾就永远不会消除。

第四节　资本主义社会中的人的价值

一、人的价值的真实意义

价值是对于存在之物的存在意义的探究，价值的意义在于如何看待主客体之间的关系。物有物自身存在的价值，这不是说物本身存在什么价值，物本身的价值是由主体来限定的，主体通过自身的意图赋予了物一定的意义，这样，物就产生了价值，所以物的价值是由主体来限定的。这个主体其实就是人，是人把自己的观念赋予给了存在之物，也就是人之外的物。由于这些物是不同于人的，因此通常也被称作是客体，所以客体的价值是被人赋予上去的。如果没有人的观念附加到客体之上，那么就客体本身来说是不存在任何价值的。就拿树木来说，树本身的存在是没有任何意义的，它只不过是大自然当中存在的一个物而已，但是人因为对它的需要，而赋予了树木以一定的意义。譬如说，树木能够美化环境，所以人就认为树木的存在是有着一定的价值的。或者说，树木由于它自身所能够进行的光合作用——能够吸收二氧化碳并产生大量的氧气，因此，人也就理所当然地认为树木是有价值的。此外，树木可以供人取暖，可以供人建造房屋等，人就认为树木所具有的这些属性是有意义的，对人来说是有价值的。

物本身存在的价值是相对于人而言的，人是主体，物是客体，物没有主观能动性可言，更没有能力赋予其他物以任何的意义。动物没有思想，是不会考虑他物的价值如何，在动物眼里，它存在的价值就是能够生存，能够繁衍后代。因此，动物的价值是只停留在生存意义上的。

人不同于大自然当中的任何一个存在之物，人自身具有主观思考的能力，是能够对自身的存在之路进行判断的特殊群体。人不同于动物，动物所做的一切只是为了生存，因为对于动物来说，最大的困扰莫过于如何继续生存下去，如何才能保证不被饿死，因此，动物是停留在生存论意义上的特殊种类。但是，人不同于动物，人的特殊性就在于人是有思想的，是能够发挥自身主观能动性的特殊存在，是能够进行思考的存在。人除了具备动物所具有的一切属性之外，还有思想，这就是人的最大优势。所以，人作为特殊的种类，在满足自身基本的生存需要之后，人是可以进行思想的，作为能够思想的物种，人的生命属性是不能被任何人左右的，能够决定自身的只有自己。因此就人本身来说，人是自由的，是不能被任何因素所摆布的。

因此，作为个体的人的存在的价值，在于如何能够更加自由地进行生活，如何向着人自身的本性进行生活。人不是单个人的存在，人永远不是作为完全的个体而存在的，人作为人，是处在一定的社会交往关系当中的，作为社会成员的一分子，是在一定的社会关系下进行生活的，因此人的价值具有社会属性这一层面，而人的价值正是通过在社会当中扮演不同的角色而决定的。人的价值是在社会关系当中积极地扮演发展社会生产，构建和谐的人际关系当中确定的。

二、资本主义对人的价值的扭曲

人之为人的价值，本来是通过在社会关系的交往来确定的。在社会交往当中，人的目的是要不断地确证自身所应有的价值，而这种价值必然是向着积极的一面发展的。

但是，到了资本主义社会，人之为人的价值完全是被扭曲了的价值，人不再具备他本身的价值属性，相反，人的价值被深深地改变了。由于资本的介入，人完全处于一种被分离的状态。在资本主义社会里，人作为人存在的目的只有一个，那就是追求资本的积累，人把人自身所能够区别于物的属性全部彰显到追求资本的过程当中，在这个过程里，人被资本彻底地奴役着，追求资本积累的欲望代替了一切，对资本的追求变成了人生活的全部意义，对资本的占有，也就成了人活动的最高目的。而事实上，人存在的目的绝不是简单地为占有资本而活，人之为人的存在意义是要在社会交往过程当中不断地确证自身，确证人作为人所应有的价值。

马克思对资本主义社会当中关于人的价值的问题曾做过论述。马克思认为，在资本主义社会里，人不是作为一个真正的人而存在，人所应有的价值被彻底地改变了，资本是由人创造的，人对于资本具有绝对的统治力量，资本的产生是由于生产力的发展和社会交往的扩大，以及人在交往过程中为满足自身需要而创造的交换工具。对资本的占有，其实就是对货币的占有。货币作为交换的工具，本来是不具有什么特殊效力的，但是到了资本主义社会，货币所具有的属性被完全放大了，货币不再是过去简单的交换工具，资产阶级为货币赋予了更高的意义，认为对于货币的占有，就是对整个世界的占有。世界上存在的一切事物都是可以用钱来进行衡量的，并把这种观念推广到社会交往的一切关系当中。在资本主义社会里，金钱至上的观念深入人心，人存在的价值不是确证自身，而是追求资本，这是一个彻底歪曲了人性的社会。因此，马克思会说，在资本主义社会里，人是被异化了的存在。

三、被异化了的人

“异化”这一概念首先是被应用在人与宗教之间的关系上的。宗教是人的观念的抽象的产物，是人通过想象而虚构出来的，人之所以要创造宗教这一神秘的物，是为了能在心灵上获得片刻的宁静，是为了使精神免受尘世的困扰。因此，宗教在最初创立的时刻是有着积极意义的，像基督教、伊斯兰教、佛教等宗教都是如此。因此，宗教在其最初创立时所具有的积极进步意义是不容忽视的。但是，到了中世纪时期（这里主要是就西方社会来说），对于宗教的盲目崇拜却成了社会进步的阻碍，因为此时的宗教完全失去了其本来的意义，变成了对人进行控制的一种无形力量，并且人受到了这种巨大无形力量的驱策和奴役。宗教的力量超出了人的控制，宗教超出了人的力量所能涉及的范围，在人的潜意识里，宗教的异化变成了理所当然，宗教成了主宰，人成了宗教的附庸，这就是宗教的异化。

在资本主义社会里，资本和人的关系也同样具有这种“异化”的关系，而且这种异化的程度并不比宗教和人之间的“异化”关系要轻。在资本主义社会里，所谓的资本其实就是货币，对货币的占有其实就是对资本的占有。货币的出现是有着一定的社会历史根源的。起初，人与人之间的交换关系只是单纯的物物交换，但是到了后来，随着社会交往的扩大，以及交换关系的复杂化，单纯的物物交换已经无法满足社会的深入运行了，人们需要一种更加便利的流通手段来连接日益复杂的交换关系。譬如说，在最初的物物交换关系当中，盐是比较贵重的物品，在当时是属于稀缺的，而盐又是人们生活需要所不可缺少的物品，所以人们为了需要就产生了为满足基本的生活需要而进行交换关系，人们为了换取一斤的盐，有可能要拿三只鸡来换。虽然对于现代人来说，这是一种比较可笑的做法，但是在当时生产力水平有限的情况下，这样的交换是必须的。所以当时的交换关系就是停留在简单的物物交换关系当中。但是，交往是不断深入的，社会是不断进步的，纯粹的实物交换有着太多的约束。例如，我要买一斤的盐，就必须得拿三只鸡或是其他的能和一斤盐相对等的物品来参与交换。在进行比较简单的交换时，这种交换方式是可以接受的，但是涉及到比较大的物品的时候，这种纯粹的物物交换的局限性就显现出来了。我们还是用盐来做例子，假如一斤盐等于三只鸡，当我要买一百斤盐的时候，该怎么办？这显然是有困难的。因此，在诸如此类的问题上，货币的出现也就理所当然了，渐渐地货币变成了衡量一切商品价格的一般等价物。

货币的出现，实现了商品交换的便利性，大大促进了商品在市场上的流通。因此，货币带给人的便利是不容置疑的。但是，到了资本主义社会，商品不再作为一般等价物在市场上参与流通，货币被资本主义赋予了更多、更丰富的意义，被资产阶级当作是衡量一切事物的标准，被视作人世间最神圣的东西。

由于货币成了衡量一切事物的标准，因此对货币的占有，就是对资本的占有，占有更大量的资本成了资本主义为之奋斗的目标。在这里，货币不再是它刚刚产生之时用来交换的一般等价物，而是成了支配人的目的的一种工具。在资本主义社会里，对资本的占有越多，才能使个体更加接近人所应具有的本质属性。那些生活在社会底层的人，由于无法占有太多的资本，因此，在资本家眼里，那些生活在社会底层的人自然而然地也就失去了人存在的意义和价值，只有他们——资本家——才能称之为真正的人。

资本主义社会的人与货币之间的异化和中世纪时期人与宗教之间的异化有着相同之处。在中世纪时期，宗教里的神被神秘化为完全支配人的一种神秘的外在力量，人被宗教异化了。而事实上，宗教里的神不过是人脑抽象出来的产物。在资本主义社会，货币虽然仍然具有它一般等价物的交换和流通属性，但是，此时的货币却被神秘化为一种可以估量一切价值的手段，人被货币奴役，一生的奔劳只为能够占有更多的货币和资本，货币不再是人用来使用的工具，而是变成了支配人的神秘力量。

第四章　马克思哲学批判资本主义的两大武器

第一节　历史唯物主义

按照西方马克思主义早期领军代表人物卢卡奇的理解，历史唯物主义最重要的任务，就是要对资本主义社会制度做出正确的判断，从而能够揭露出资本主义社会制度内在的本质。从这一意义上来说，马克思的历史唯物主义在实质上就是对资本主义社会所谓的“历史之谜”做出的解答，而在这一解答中最关乎资本主义社会的本质就是“资本”问题。对“资本”的审视和批判是解开资本主义社会秘密的一把“钥匙”，因此，马克思曾说，对市民社会的解剖应该到政治经济学中去寻求。马克思的历史唯物主义在根本上就是要对资本主义社会的野蛮剥削状态做出病理学的诊断，资本主义社会继续向前发展的历史，其实就是资本主义世界自我毁灭的历史。

一、历史唯物主义的产生

在哲学发展的历史进程上，传统的形而上学往往都是以概念思辨的形式在思想领域里起着统治作用。但是，当哲学家们在思想领域里开始前赴后继地激烈反对形而上学时，形而上学却在现实生活领域里又“冒”了出来，并挺起了其强大的“身躯”，形而上学从天堂坠入人间，并介入了人类的世俗关系，在资本主义社会里，这种关系就构成了支配资本主义社会运转的“资本逻辑”。因而，“资本逻辑”成为资本与理性形而上学之间结合后的产物，资本逻辑的产生在根本上就是形而上学的资本本质与资本主义社会当中资本的形而上学本质的统一，二者之间的关系是相互支撑的。

马克思生活的时代，是一个经过了文艺复兴、完成了宗教改革之后的“理性启蒙”的时代，也是一个上帝人本化、自然化的“祛魅”的“资本的时代”。因此，可以这样说，理性与资本是马克思所生活的现实时代的两大支柱，理性与资本之间的结合成为了资本主义社会发展的原动力。所以在马克思看来，对宗教的批判实际上已经结束了，因为上帝已被人化、自然化，上帝已从天国降落到人间。因此，哲学的任务不是要对宗教进行批判。在马克思看来，对宗教的批判在最后的时刻应当归结为这样一条命令：必须推翻使人成为被侮辱、被奴役、被遗弃和被蔑视的东西的一切关系。在资本主义的现实社会，这些所谓的关系，实际上就是以资本增殖为核心的资本等价交换原则，也就是形而上学的“资本化”体系。

马克思的思想，特别是其具有批判意义的历史唯物主义思想，是直接与其所处的时代，特别是其所面对的时代问题密切相关的，是有着深刻的现实基础的批判。这一点正如德里达所说，马克思是黏附于资本主义时代的人物，只要资本主义的生产方式存在一天，马克思的批判就会幽灵般地伴随一天。这种说法凸显了马克思历史唯物主义产生的更为重要的独特的生存基础和现实根源——个人受抽象统治的异化的生存状态，而所谓“抽象”，无非就是那些统治个人的物质关系上的理论表现。

在马克思之前，作为传统形而上学的集大成者黑格尔通过他的概念辩证法实现了思维与存在、主体与客体、理想与现实在其“绝对精神”中的统一，克服了传统形而上学主客二元对立上的生存困境，但黑格尔的这一做法并不意味着形而上学到此进入终结，而恰恰是形而上学在理性王国中的完成。因此，马克思的历史唯物主义思想所面对的仍然是以黑格尔为代表的理性形而上学一统天下的局面，所以，瓦解和颠覆形而上学的抽象同一性，是历史唯物主义思想的首要理论任务。

马克思生活的时代是一个受到启蒙运动、宗教改革和资本主义兴起等因素的影响结合在一起的复杂的社会。哲学的抽象性从形而上学的王国降落到了人间，进入人的世俗社会，与现实社会的资本相结合，从而构成了支配资本主义社会资本运转的“资本逻辑”。马克思所要做的工作就是要对所谓的“资本逻辑”进行批判，而批判的武器正是由马克思本人提出的历史唯物主义。

马克思不否定资本主义社会为人类社会创造的巨大财富，以及资本主义社会在人类社会的发展进程当中所作出的重要贡献。在马克思看来，资本主义现代性的积极方面最重要的不在于社会财富积累的多少，不在于社会生产力会发展到什么程度，而在于它使人们的思维方式发生了转变，用马克思的话来说就是：由传统的经验思维方式和盲从思维方式转向理性思维方式。资本主义经济的实现形式要求这种理性思维方式的确立。如果说经济形式、交换，确立了主体之间的全面平等，那么内容，即促使人们去进行交换的个人材料和物质材料。可见，平等和自由不仅是在以交换价值为基础的交换中受到尊重，而且交换价值的交换是一切平等和自由的生产的、现实的基础。马克思的伟大之处就在于看到资本主义进步作用的同时，又不乏冷静的思考，马克思深刻地指出了资本主义的现代性就像魔法师召唤出来的魔鬼一样，一方面产生了以往人类历史上任何一个时代都不能想象的工业和科学的力量，而另一方面却显露出衰颓的征兆，这种衰颓远远超过罗马帝国末期那一切载入史册的可怕情景。马克思对资本主义的批判，就正是通过历史唯物主义的确立而得以完成的。

二、历史唯物主义的真实意义

马克思创立历史唯物主义的目的，就是要在根本上说明任何存在都是历史上不可回避的点，资本主义也不例外。资本主义社会是人类社会历史发展进程当中的一个必然环节，资本主义社会由于它自身存在着诸多不可调和的深刻矛盾，使得它必然会在历史的某一时刻终结，而被另一个更发达、更健全的社会取代。历史唯物主义对于资本主义社会的批判，就是要在根本上说明资本主义社会为什么会走向灭亡，以及造成资本主义社会为何具有如此特点的原因，从而对资本主义社会的发展走向做出客观的判断提供理论和现实上的依据。

（一）物质生活的生产方式决定了社会生活、政治生活和精神生活的一般过程

人类社会历史的发展，是建立在一定的物质生活基础之上的，人类按照何种方式进行生产，关系到人类社会生活的其他领域以何种形式存在。在原始社会，人们的生产方式主要集中在捕猎和对果实的采摘活动上，是非常原始的生产方式，因此，在当时的生产水平条件下，与之相对应的是平均主义的分配方式和对原始图腾的崇拜。总之，整个原始社会，其生产方式是非常落后

的。而到了封建社会和资本主义社会，生产力水平得到相应的提高，生产方式不再局限于原始的狩猎活动，而是通过劳动创造自己所需要的东西，在这个时候，人的需要可以通过劳动来满足，生产力的发展，可以给人创造思考和从事其他活动的条件，所以，人的生产活动形式的高低决定着个人的发展程度，而在社会上也同样如此。

因此，资本主义的生产方式在本质上实行的是私有制，而生产资料的私有制分配形式就表明社会阶级之间对立的产生，阶级的出现说明人与人之间存在着不平等的待遇；而政治或是人的精神生活都是要为资本主义的生产方式提供辩护的工具，是为资产阶级对工人阶级的剥削进行辩护的工具，是维护资产阶级统治的工具。

（二）社会存在决定社会意识，社会意识又反作用于社会存在

在哲学史的发展上，一直存在着两大阵营的争论，就是唯心主义阵营和唯物主义阵营之间的争论。唯心主义认为，意识是世界的本源，物质世界是意识的产物，意识是第一性的，物质是第二性的，意识对于物质世界具有绝对的支配地位；唯物主义认为，物质决定意识，意识是人脑对于客观物质世界的反映。二者之间的争论从未停止，马克思首次运用历史唯物主义的思想，系

统分析了物质和意识之间的关系。马克思在分析这一问题的时候，不是单纯地就物质和意识之间的关系进行讨论的，而是把二者上升到人类现实的生产关系当中，用实践的观点对这一问题进行论证。

在马克思看来，社会存在决定着社会意识的产生和发展，也就是说社会存在具有什么样的性质，就决定着社会意识会有什么样的性质。意识不是客观存在，是人脑特有的机能，是人脑对于客观物质世界的反映，具有能动和思辨的特殊性质，以往的唯心主义哲学家就恰恰是曲解了意识的能动作用，把意识的能动作用抽象为对客观物质世界具有绝对支配的一种特殊能力，这是一种完全错误的观点。正因为意识具有能动的作用，所以当意识上升为社会意识的时候，这种能动的社会意识就会反作用于社会存在。

因此，在资本主义社会里，是资本主义社会对于资本的热切追求，以及资产阶级追求剩余价值和绝对利润的这种社会存在，决定了资本主义社会的社会意识具有一种普遍的拜金主义。与此同时，对于拜金主义和资本逻辑予以认同的社会意识又反作用于对工人进行剥削和压迫，一味追求资本积累的社会存在，这就使得资本主义社会对于资本积累的欲望更加强烈，剥削越来越严重，阶级之间的对立达到了不可调和的状态。

（三）生产力和生产关系之间的矛盾、经济基础与上层建筑之间的矛盾，是推动一切社会发展的基本矛盾

生产力和生产关系之间的关系是既对立又统一的，二者之间有着不可分割的内在联系。其中，生产力是矛盾的主要方面，对生产关系起着决定作用。生产力是生产关系形成的前提和基础，生产关系是生产力的发展形式，是适应生产力发展的要求而建立起来的。生产力的发展决定生产关系的发展和变革，当生产力发展到一定阶段，原来的生产关系就不能再满足生产力的发展要求，从而必然会引起一场生产关系上的根本变革，使旧的生产关系被新的生产关系所代替。另一方面，生产关系对生产力也有着巨大的反作用，当生产关系与生产力的发展要求相适合时，生产关系就会有力地推动生产力的发展；当生产关系与生产力的发展要求不相适合时，生产关系就会阻碍甚至束缚生产力的发展。经济基础与上层建筑之间的关系也同样如此，经济基础决定上层建筑的产生及其性质，上层建筑是必须与经济基础相适应的，否则就不能长久地存在下去；上层建筑在一定程度上对经济基础存在一定的反作用，相适应的时候能够促进经济基础的发展，不相适应的时候就会对经济基础的发展产生阻碍。

因此，一切社会意识形态的出现和消亡都是受这一规律影响的。任何时代，生产力和生产关系之间的和谐发展，必然会促进

整个社会的发展；当二者之间的关系发生矛盾的时候，也就是生产力和生产关系之间的发展程度不协调的时候，必然会阻碍整个社会的发展。

资本主义社会的产生，是生产力和生产关系之间相适应、相协调的发展阶段，因此，在这个阶段上，资本主义得以迅速发展，创造了大量的社会财富，促进了整个人类社会的发展。但是到了后来，资本主义社会的生产力水平大幅度提高，而资本主义的生产关系却越来越不适应生产力发展的要求，阶级矛盾激化、经济危机频繁爆发、发达资本主义国家的经济发展状况陷于疲软状态……种种迹象都开始表明，资本主义的生产关系已经无法适应它强大的生产力水平，强大的生产力需要一个与之相适应的更加完善的生产关系，因而资本主义社会想要继续存在是不可能的。

生产力和生产关系的不可调和，经济基础和上层建筑的不相适应（资本主义社会的上层建筑是为了维护资本家的利益服务的，而随着生产力的不断发展和经济基础的不断扩大，社会上的广大成员要求获得平等的待遇，所以此时的上层建筑就显得与经济基础格格不入。美国的华尔街游行就说明了这一点），迫使生产关系和上层建筑需要做出相应的调整，否则就会彻底地被生产力和经济基础所遗弃，表现在现实社会上，就是不合理的生产关系和上层建筑会被人民的强大力量所推翻。

第二节　剩余价值理论

一、剩余价值理论的产生

剩余价值理论是马克思在《资本论》当中阐述的一个重要思想。马克思在阐述剩余价值理论的时候深入考察了法国重农学派和亚当·斯密的理论，是在经过系统分析、深入研究和严肃批判之后编写的一部重要的思想理论著作。马克思生前是把“剩余价值理论”作为《资本论》的第四部分来写的，但是，由于各种原因，第四部分的《剩余价值理论》一直未能得以出版。马克思逝世之后，《资本论》的出版任务就交给了恩格斯，由于《资本论》的篇幅实在太大，而且马克思的所做的草稿笔记难以辨认，因此在辨认和整理上对编者提出了重大的挑战，恩格斯耗尽毕生的精力将《资本论》的前三部分整理出版，剩下的第四部分《剩余价值理论》直到他1895年逝世之际，仍在坚持进行修改。恩格斯逝世之后，《资本论》的整理出版工作就交给了马克思的幼女艾琳娜，后来，受到艾琳娜的委托，考茨基接受了《剩余价值理论》的整理出版工作，考茨基经过十年的努力，终于将《剩余价值理论》整理完毕。考茨基在出版《剩余价值理论》的时候不是把它当作《资本论》的第四部分来进行出版的，而是以一个独立的部分进行出版。在1905年出版了《剩余价值理论》的第一分册和第二分册，在1910年出版了第三分册。后来，在出版《马克思恩格斯全集》的时候，《剩余价值理论》被纳入了《资本论》的第四卷。

可以说，《剩余价值理论》是马克思政治经济学的核心概念。在《剩余价值理论》当中，马克思对法国重农学派和亚当·斯密的观点进行了深刻的批判。在马克思看来，亚当·斯密等人没有分清劳动力和劳动这两个概念，劳动指的是从事劳动的这个过程，而劳动力所指代的是从事劳动的主体。马克思牢牢地抓住了劳动和劳动力之间的差别，并对各个社会历史发展时期的劳动状况进行考察，深刻研究了剩余价值理论所具有的理论、现实意义，并对前人有关剩余价值理论的思想进行了分析，将其合理内核运用到剩余价值理论当中。剩余价值理论的发现，使得对于资本主义本身的批判更加深刻，更加彻底。

二、剩余价值理论的真实意义

作为马克思关于资本主义批判的核心理论之一，剩余价值理论所要揭露的就是在资本主义社会当中，工人在劳动过程当中所创造的财富，一部分归自己所有，而另一部分却被资本家无偿占有。工人正是通过无偿占有的这一部分从事再生产，而这一部分被资本家无偿占有的资本正是剩余价值。简单地说，剩余价值其实就是资本家或工厂主在生产和销售的过程当中所赚得的利润。

剩余价值指的不是货币这样具体的实物，剩余价值对于资本家来说是非常隐秘的，是非常含蓄的。资本家在生产当中投入一定的资本，通过资本来购买生产所需的生产资料和工人的具体劳动，生产资料当中包括机器等这些对于生产来说一切必要的对象。通过工人对生产资料的支配，这样就生产出了产品。此时的产品只能称作是产品，还不能被称为商品，只有流通到市场上的产品才能被称为商品。商品通过在市场上的流通，被消费者购买，此时被购买的价格与生产产品是所投入的资本之间的差，就是剩余价值。

资本家投入资本的目的就是要获得剩余价值。剩余价值的多少和生产力水平成正比，生产力水平越先进，所得的剩余价值也就越多。因此，资本家改进生产技术、提高工人的技术能力，其实都是为了创造更多的剩余价值。例如，一个资本家需要生产500个产品，三天才能生产完毕，而另外一个资本家也是要生产500个产品投入市场，但是第二位资本家在一天之内生产完了500个产品，从而率先占据了市场，获得了可观的剩余价值。之所以会出现这样的结果，就在于在资本主义社会里，人与人之间的关系是冷酷的，资本家与资本家之间的关系始终都是对立和矛盾的，是处于竞争状态的。资本家之间的竞争就是追求剩余价值的竞争，剩余价值的多少，决定着资本家能够从事再生产的可能。因此，为了提高生产效率，追求更多的剩余价值，只能投入更多的资本和提高生产力水平。

马克思发现了资本主义社会内部支配资本运行的规律，抓住了资本家之所以会愿意投入资本来进行生产的目的，追求剩余价值是资本主义社会生产的主线，是追求资本积累的逻辑，资本家所进行的生产都是为了获得更多的剩余价值。

资本家对剩余价值的追求，在根本上是对工人的劳动的贬低。因为，在这里，工人所扮演的角色不是作为工人而存在，而是作为一种生产工具甚至是被当作机器，资本家在购买生产资料的时候需要支付一定的资本，在使用工人劳动的过程中，工人的价值在资本家的眼里同机器的价值是一样的。工人作为生产产品的“机器”，为资本家创造了一定的剩余价值，工人在生产产品的过程当中所创造的价值是大于他所获得的工资的，因为受到剩余价值的驱动，资本家是不可能支付给工人同他自身所创造的价值相对等的工资的。

马克思对剩余价值理论的思考，绝不是简简单单地说明资本家如何无偿地占有了工人的劳动，而是要说明资本家是如何用金钱来衡量工人的价值，是要说明人的价值是如何在资本主义社会里被贬低的。

在资本主义社会里，任何东西都是可以用金钱来进行衡量的。工人作为生产者，是产品的绝对制造者，但是，资本的介入，使得这一性质发生了改变。资本家虽然没有从事具体的生产劳动，但是他通过资本的支出，从而变成了产品的绝对占有者。资本家为了获得更多的剩余价值，需要投入必要的技术和资本。但是，随着投入的增加，剩余价值量就必然会要减少，因此，克扣工人的工资也就成了理所当然。工人的劳动量在不断增加，工作的时间也在不断地延长，但是所给予的工资却在减少。这就说明，在资本主义社会里，工人所创造的财富是多的，但所获得的报酬是少的，这一原因全都在于资本家对剩余价值的追求，剩余价值的追求是导致工人价值丧失的根本原因，是人丧失了作为人的意义的原因。

因此，深刻学习和领会《剩余价值理论》所传达的意义是非常重要的，只有深刻领会其中所要传达的意义，才能做到对资本主义社会有一个清醒的认识，才能对我国的市场经济的发展贡献力量。

第五章 资本主义社会的历史走向

在马克思看来，资本主义社会发展到一定阶段是必然灭亡的。因为按照马克思辩证法的观点来看，世界上的任何事物都不是永恒不变的，任何事物都要遵循社会历史的发展从而做出改变，而资本主义社会就其自身而言，有着很大的局限性，有着无法调和的矛盾。因此，当矛盾激化到一定程度时，革命就会爆发，革命的爆发并不意味着资本主义的继续存在，其结果必然是资本主义从人类社会历史发展的进程当中消失，取而代之的是较之更为优越的共产主义社会，只有到了共产主义社会，资本主义的矛盾才会彻底消失。共产主义社会是消除阶级的社会，是消除剥削的社会，是消除异化的社会，是人作为人自由发展的社会……总而言之，取代资本主义社会的共产主义社会，将是人类社会发展的最高阶段。

第一节　共产主义社会是对资本主义社会的彻底超越

资本主义将从人类社会历史发展的进程中消失，绝不是对资本主义社会的横加指责，而是较为客观地对资本主义社会发展走向的一个判断。

首先，共产主义社会是对生产资料私有制的彻底扬弃。在资本主义社会里，生产资料归个人所有，也就是说生产资料全部掌握在资本家的手里，而劳动者，即工人，却是以无产者的姿态登上历史舞台，工人阶级是没有掌握任何生产资料的群体，工人唯一的生产资料就是他的生命，工人通过出卖自己的劳动来维持自己的生存。这样就造成了，资本家掌握着社会生产的全部资本，享受富裕的生活，而工人阶级只能以有限的工资来维持自己的生存活动。工人的生产活动不是自愿的，而是被迫的，是被生活所迫，是为了生存而不得不出卖自己的劳动，甚至是生命。在这种情况下，工人的生存状况就无异于动物，动物的存在状态就是为了生存、繁衍，除此之外，不能再有任何企图，因为动物本身的生理机能是有限的；对于动物来说，最大的障碍就是没有思想，没有主观能动性，所以，当动物在满足了自身的生存需要之后，就没有任何要求，它唯一的目的就是如何吃饱下一顿，如何继续生存下去。

资本主义的这种生产方式直接把工人打退回了原始社会，在资本主义社会里，工人的生存状况无异于动物的生存的形式，人的主观能动性只被应用到如何进行生产。在从事完繁重的工作之后，工人所要进行的就是满足基本的生理需要，吃饭、喝水等其他一切生理上的需要。到了第二天，等待他的仍然是那些单调而又繁重的生产活动。因此，工人的生存状况被彻底地单一化了，人作为人的价值被彻底消除了。

只有共产主义社会才能将这一状况彻底消灭，共产主义所要实行的是生产资料公有制的分配制度，也就是说，社会上的生产资料被平均地分配给每个人，这不像在资本主义社会里出现的，少数人掌握着社会上的生产资料的情况。因此，共产主义社会是社会全体成员真正得以解放的社会，是人的价值得以确证的社会，是对剥削、压迫等不平等现象彻底消灭的社会，是对资本主义社会的极大超越。

其次，资本主义社会是一个充满剥削、充满压迫的社会，而共产主义社会的目标就正是要消除剥削、消除压迫。在资本主义社会里，资本决定一切，资本家为了追求资本的积累，追求资本的增殖，通过对工人的各种各样的剥削和压迫来获得生产的利润。工人作为生产产品的劳动者，是社会财富的第一创造者，但是，由于资产阶级对于金钱、货币和资本的一味追求，造成工人的劳动负荷被不断地加重，工作时间也同样被不断地延长，但是与此相对应的却是少得可怜的工资。

在商品生产领域，手工作坊式的生产被大型工厂取代，商品生产主要集中在大型工厂里面，资本家通过投入大量的技术和机器，以及提高工人应用技术的能力来提高生产产品的效率。随着资本投入的增加，生产力水平也会随之提高，随之而来的也就是剩余价值的增长。但是资本家没有扶危济困的精神，资本家之所以会增加在资本上的投入，是为了获取更多的利润，使工人在生产产品的过程中创造更多的剩余价值。因此，资本家在投入大量资本的同时，也必然要通过另一种方式将所投入的资本收取回来，所以，资本家所采取的行动就是尽可能地减少工人应得的工资，或者要求工人延长工作时间等。

资本主义的生产方式说明，资本主义社会之所以能够创造比前几个时代所创造的财富总和还要多的原因就在于，资本主义激发了社会成员追求资本的欲望，同时由于政治上的支持，使得无限追求资本积累的思想成为可能，政治上的无碍促使资本家之间的竞争加剧，由于竞争的激烈，使得生产产品的效率也大大提高，从而创造了大量的社会财富。

但是，资本主义社会创造社会财富的根本原因不是为了提高社会生产力，更不是从人的发展和人的价值能否实现的方面来进行考虑的，资本主义社会最大的内在驱动力就是追求剩余价值，追求资本的积累，追求利润的增长，从而获得更多的财富。工人在工厂里从事生产劳动，是出卖自身劳动的过程，工人通过出卖自己的劳动非但不能获得同劳动相符合的报酬，反而受到资本家的层层剥削，工人的生活状况苦不堪言。工人在生产的过程当中所感受到的不是快乐，而是痛苦，不是自身劳动价值的实现，而是被奴役、被剥削的现实状况。

共产主义社会的出现是对资本主义社会的极大超越，在共产主义社会里面，不存在剥削，不存在压迫，工人在从事劳动的过程中，是对自身价值的确证过程。因为，共产主义的目标之一就是要消灭剥削，消除人对人的压迫，消除阶级的对立关系，而在资本主义社会，这些被共产主义所扬弃的生产关系却正是资本家们所苦苦追寻的。共产主义的目的就是要把人从被金钱奴役的关系当中解放出来，即对人的彻底解放。

最后，共产主义社会是每个人都能得以高度发展的社会。资本主义社会同之前的时代在根本上是相同的，就是说，以往的时代，都是建立在人对人剥削的基础上的，是存在阶级对立和阶级对抗的社会。在奴隶社会，是奴隶主和奴隶之间的对抗，奴隶作为奴隶主购买来的“工具”，就要绝对地服从于奴隶主的要求和命令，只是奴隶也是人，奴隶也有自己的想法，也有自己生存的权利。但是，由于奴隶主的控制，就使得奴隶作为人而希望拥有的基本要求就难以实现。因此，二者之间的对立就变得尤为激烈。在封建社会，阶级之间的矛盾主要体现在地主阶级与农民阶级之间的对立。因为在封建社会时期，生产力的发展程度还不够发达，生产方式还主要集中在自然经济上，地主占有大片的土地，而农民的土地是从地主的手中租借而来，农民从地主手中租借土地，需要支付大量的租金。此外，地主为了获取更多的租金，苛捐杂税也就数不胜数，因此，地主的财富来源正是建立在对农民的剥削和压迫上的。到了资本主义社会，资本逻辑通行于资本主义社会资本积累的过程当中，资本家的财富来源于工人创造的剩余价值，资本家通过对工人的剩余价值的剥削，不断地积累自己创造的财富。

通过对以上几个时代的简单分析，可以发现，这几个时代社会财富的积累以及生产力的发展都是建立在剥削和压迫的基础上的。奴隶和奴隶主之间的对抗表明，奴隶主通过对奴隶的压迫发展了自身，却造成奴隶的苦不堪言；地主和农民之间的对抗表明，地主为了收取更多的地租，对农民进行残酷的剥削和压迫，使农民生活在水深火热当中；资本家和工人之间的对立表明，工人生产出来的产品的价值被资本家无情地占有，资本家为了更多的获取剩余价值，加重工人的劳动量，延长工人的工作时间。但是工人付出的越多，所获得报酬就越少，工人的价值被资本家追求利润的欲望彻底淹没，资本家无视工人的生存状况，资本家想要获得的只有更多的财富和更多的利润。

因此，只要存在阶级压迫和阶级对立，人的价值就不能彰显，人就不能获得彻底的发展，阶级压迫和阶级之间的对立是造成人能不能高度发展的原因。而共产主义社会正是要从根本上彻底消灭阶级，彻底消灭造成人发展困惑的源头。这一点不仅是对资本主义社会的超越，更是对全部人类社会历史发展状态的超越。

第二节 共产主义社会是人类的理想社会

共产主义社会是人类社会发展的最高阶段，共产主义的出现是对以往时代、以往社会发展的超越，在以往的社会发展模式当中，人的个性是受到压抑的，人的价值是无法得到彰显的。此外，由于各个时代的阶级之间的对立和矛盾，社会往往被划分为两大对立的阶级集团，奴隶社会是奴隶主与奴隶之间的对立；封建社会是地主和农民之间的对立，在资本主义社会是有产者和无产者之间的对立。阶级的对立，使得两大集团之间的矛盾和冲突不断，占统治地位的阶级总是试图扩大自身的控制范围，总是试图从被统治阶级身上取得更多的利益，而被统治阶级也不甘心屈服。因此剥削和矛盾是成正比的，在阶级社会里，统治阶级对被统治阶级的剥削程度越重，二者之间的矛盾就越激烈，矛盾越激烈，斗争就越明显。统治者的目的就是要巩固和维护自身的统治地位，被统治阶级则是要摆脱统治阶级的统治，摆脱被剥削和被压迫的命运。

到了共产主义社会，所有的对立的矛盾状态，都将会被消除，生产资料将会以公有制的形式被分配到人民的手中，在共产主义社会里，社会矛盾将不复存在，每个人都将得到最好的教育，每个人都会得到高度的发展，社会上的阶级矛盾和剥削将彻底从人类社会的发展进程中消失，整个社会都会以高度健全的形式发展。可以说，共产主义社会是人类社会发展史上最为理想的社会。

一、什么是共产主义社会

所谓共产主义社会，在根本上是一种社会形态，是一种未经实现的社会形态，是无产阶级的伟大革命导师马克思和恩格斯创立的一种人类理想社会的形态。共产主义是对以往社会形态的彻底扬弃和超越，共产主义社会是一种建立在高度发达的生产力基础之上的社会，是继资本主义社会之后又一个生产力高度发达的社会。资本主义社会是共产主义社会产生的前提和基础，只有当资本主义的生产力发展到极高的状态下（当资本主义社会的生产力达到高度发达的状态之时，也就意味着其灭亡的降临），共产主义社会才有实现的可能。在共产主义社会，生产资料按照公有制的形式得到分配，每个人都各尽所能地从事生产劳动，人们按照自身的需要从社会上获取所需的物品，整个社会中的成员都是高度发展的。

二、共产主义和社会主义

社会主义不是共产主义，社会主义是资本主义社会灭亡之后，对其进行改造的社会，是为彻底地进入共产主义社会而进行的改造阶段。因此，社会主义社会面临着很多的任务。首先，社会主义社会要消灭一切专制的政府，从根本上消灭一切专制的政治形式，消灭一切凌驾于社会之上的最高权力，建立完备而又彻底的民主政治制度。在这里，国家将会失去暴力的性质，成为单纯的管理机关和服务机构。其次，社会主义要把人从资本、宗教和国家等外在形式的束缚中解放出来，使人更多地学习科学文化知识，享受优秀的人类文明成果，在思想上得以解放，在人格上更加健全。最后，资本主义社会盲目追求资本的积累，造成生态环境的巨大破坏。因此，在社会主义阶段，将会合理地运用地球上的宝贵资源，妥善地解决人口问题，从根本上解决生态环境问题。

按照马克思的理论，社会主义革命必然是在生产力高度发达的社会里爆发并得以实现的，但是俄国十月革命的爆发，彻底改变了马克思的这一观点。当时的俄国是一个深受沙皇统治的封建国家，农奴受到沙皇的统治，生活苦不堪言，随着社会矛盾的激化，广大农奴要求获得解放。广大生活在俄国底层的人民，在列宁的带领下，冲破了沙皇的统治，占领了权力中心——克里姆林宫，推翻了沙皇的统治，建立了人类历史上的第一个社会主义国家。俄国人用实践证明了即使是在比较落后的国家也同样可以实现社会主义制度。

在中国共产党的带领下，我国经过长期的革命斗争，打败了日本帝国主义对中国的侵略；在解放战争中，粉碎了蒋介石妄图统治中国的美梦。在中国共产党的带领下，我国实行了社会主义制度，社会主义制度的优越性在广大的神州土地上得到了完美的诠释。自建国以来，我国科技文化事业蓬勃发展，经济建设也取得了举世瞩目的成就，人民生活水平显著提高。

自1922年起，人类历史上一共出现了十几个社会主义国家。这说明，社会主义社会逐渐得到了世界人民的认可，社会主义制度的优越性得到了世界人民的欣赏和肯定。

社会主义的出现注定人类迈进共产主义社会的日子不会遥远，资本主义社会不可治愈的深刻内在缺陷注定将被社会主义社会所取代。因此，在人类社会的发展历史上社会主义对资本主义的彻底改造终将成为必然，人类进入共产主义社会也就会成为历史的必然选择。

三、共产主义社会的主要特征

共产主义社会，之所以会超越以往的社会的发展状态，成为全世界人民的共同理想，是因为：

（一）社会生产力高度发展

按照马克思、恩格斯的共产主义理论：在共产主义社会，社会劳动生产率将得到空前提高，科学技术的发展水平也将达到极为发达的程度，人类认识和改造自然的能力会超越已往任何时代。到那时，各个从事物质生产的部门将会广泛采用现代化的科学技术来进行生产，并实现电气化、自动化的应用水平，广泛利用现代信息。新的信息技术革命爆发，将为共产主义准备物质技术条件。随着科学技术的高度发展，人类征服自然的能力也会大大提高，同时在对自然资源进行开采和利用的时候，人类的利用方式也会更加合理、更加充分、更加科学，会改变以往对大自然进行肆意开采，破坏生态环境的不合理模式，整个生态环境将会处于一种良好的平衡状态。

（二）生产资料公有制

到了共产主义社会，生产资料将会平均分配给社会成员，改变以往生产资料私有制的模式，也就是说，生产资料不是归社会上的少数人所有。在共产主义社会，生产力水平已经发展到了相当高的程度，由于不再存在任何剥削和压迫，社会成员是以平等的姿态在社会关系当中进行交往。只要生产资料仍归私人所有，就永远存在不平等交往关系，剥削、压迫等一切不平等的关系就仍然有得以继续存在的空间。人与人之间的不平等关系是对人的价值的否定，是对人本身的否定。因此，在共产主义社会当中，生产资料归全体社会成员所有这一分配方式，在根本上消除了不平等关系，是对以往全部社会形态的巨大超越。

（三）改变旧有的社会分工方式

在共产主义社会，生产力水平大大提高，科学文化技术也得到实质性的进展，人民的科学文化水平也得到普遍的提高。在这里，每个人都可以享受到高等教育的培养，年轻人可以做到熟悉整个社会生产系统的运转规律，能够根据社会的需要和自己的爱好，自由的选择他们想要从事的事业，在事业当中充分发挥个人的才能。社会分工本身虽然不会消亡，但是把人终身束缚于某一种职业的旧式的分工模式就不会再继续存在了。

在以往的社会生产方式当中，分工模式是固定的。这种固定的、僵化的模式主要表现为，从事社会分工的具体人员必须具备所从事行业应有的技能，此外每个人只能从事一个领域的工作，即便有机会从事其他工作，由于不具备专业的技能，也无法胜任希望从事的工作。在共产主义社会，这种情况就会发生大大的改变，因为共产主义社会的主要目标就是要实现每个人自由的、全面的发展，而以往对于人的培养模式是固定的。譬如说，学生有固定的专业，教师有固定的教学领域，工人有固定的工作领域等；但是，在共产主义社会里，每个人所受到的教育是高度的，所具备的知识技能也是全面的，共产主义社会下的青年，能够掌握社会当中所有的知识技能。对于现代人来说，接受的教育就是固定的、单一的、片面的，单一的培养模式造就了单一的人，现代人只能做到自身所涉猎过的领域有所了解，对于其他领域都是完全不知是为何物。共产主义培养的是全面的人才，共产主义社会的成员可以按照自己的需要从事各项工作，为社会贡献力量，这种分工方式与以往的分工方式是有着本质区别的。

（四）实行各尽所能、按需分配的原则

在共产主义社会，生产力高度发达，生产资料归社会成员所有，实行生产资料公有制的模式，以及每个人自由全面发展，说明共产主义社会是一个在整体上高度发达的社会。旧有的分工模式在共产主义社会里不复存在，产品总量达到极大的丰富，这种条件可以充分地满足社会全体成员生存、发展和享受等方面的需要，人们的思想觉悟得到普遍提高，受到了高等教育，只为满足私人利欲的现象将不再存在，每个人的道德觉悟得到实质性地提高。在共产主义社会，劳动不再是仅仅为了满足谋生而采用的手段，而是变成了人们生活的第一需要，变成了人生的一种乐趣。因此，社会上的资料和人们想要从事的活动，不再像以往的奴隶社会、封建社会或者是资本主义社会那样，被限制在统治者集团

的控制范围内，整个人是处于完全被迫的状态。在共产主义社会里，这种状况被彻底地消除，人是按照他的需要进行生产、工作和劳动的，不存在任何的剥削、压迫和强制性的措施。人在社会当中扮演什么样的角色，从事什么样的劳动，以及以何种方式促进社会的发展，完全属于自愿，这是一个完全按照各尽所能、按需分配为原则来运作的社会，是一个高度自由的、高度发达的社会。

（五）国家的消亡

在社会主义阶段，国家仍然存在，这一时期国家存在的目的是要维护该地区的生产资料公有制。因为在这个时期，阶级对立依然存在，阶级之间的矛盾和冲突在一定范围内还有爆发的可能性。因此，国家的存在仍然是很必要的，需要靠国家来维护人民的安全，需要靠国家来保证分配原则的实现。但是，当阶级之间的对立、矛盾和冲突被彻底消除之后，按需分配的生产方式就得到了保障，也就有了实行的现实条件。在此时，人们已经习惯了遵守公共生活的基本原则，因而能够自愿地尽其所能地从事工作，国家的存在也就没有必要了。正如马克思所说，到了那个时候，国家政权对社会关系的干预将先后在各个领域中成为多余的事情而自行停止下来。那时，对人的统治将由对物的管理和对生产过程的领导所代替。国家被消除之后，取代国家组织的将是由多种形式建立起来的生产者自由平等的联合体。在这些联合体当中，人们按照民主集中制的原则自己管理自己。在共产主义社会，仍然存在生产力与生产关系，经济基础与上层建筑的矛盾，但这种矛盾，可以通过社会自身的力量，自觉地加以调整，以促进生产力的不断发展，而不再需要通过国家来维护。

第六章　小　结

不可否认，资本主义作为人类社会历史发展进程当中的一个重要的社会形态，其对人类文明的发展所做出的贡献以及所发挥的作用是绝对不可忽视的。因此，虽然资本主义的本质是用来进行社会资本的高度积累和更多剩余价值的产生，但是，资本主义在进行剥削、压迫和对生态环境做出严重破坏的同时，也创造了辉煌、灿烂的人类文明，同时也为共产主义的产生提供了丰富的现实基础和理论来源。

资本主义的出现，大大提高了社会生产力的发展，创造了高度便利的交通环境，促进了科学信息技术的高速发展。但是，资本主义又有其不可回避的内在缺陷，如生产资料的私有制，对资本积累的无限欲望，金钱至上的拜金主义等。因此，在分析和看待资本主义对于人类社会的发展起到了什么样的作用时，我们不能一味地从它消极的一面进行批判，还应当从它积极的一面进行评价。事实上，我们在观察任何事物并要对其做出判断的时候，都应当辩证地去看待其所具有的积极一面和消极的一面，并尝试对二者进行综合，只有辩证地分析和看待一个问题，才能得出一个比较客观的评价。因此，接下来我们将会从积极和消极这两方面来对资本主义做出一个相对客观的评价。

第一节　资本主义的积极意义

一、促进了社会生产力的发展

在以往的社会形态当中，生产力水平极其有限。到了封建社会时期，生产力水平仍然处于以自然经济为主的状态，在当时的生产力条件下，社会成员被划分为地主阶级和农民阶级两大阵营，社会财富主要掌握在居于社会上层的绝对的统治者集团，而居于社会下层的被统治者阶级只能从地主阶级手中租种一部分土地，而且还要以交付大量租金为沉重代价。地主阶级对土地有着绝对的支配权力，而农民为了生活被束缚于土地之上，地主阶级为了获得更多的地租，就对农民进行剥削和压迫。因此，封建社会时期生产力水平的发展受到了地主阶级的严重阻碍，地主对于农民的压迫和剥削决定了生产力水平发展程度的滞后性。

资本主义社会的出现，彻底废除了封建地主阶级对于土地的绝对所有权，废除了一切封建的生产关系，把农民从土地的束缚中解放出来。资产阶级的目的是要获得大量的资本积累，是为了获得更多的利润。资产阶级把人从土地关系中解放出来，宣扬众人平等，实行三权分立的议会制度，为资产阶级的统治提供了观念支撑和法律保障。资产阶级为了获取更多的利益，就开始从事生产，起初是以手工业为主的作坊，后来发展成为大型工厂，大型工厂的出现，说明了生产的扩大化。大批农民开始从乡村进入城市，为社会生产提供了大量的劳动力，成为生产产品的工人。工人的大量出现，为资本家制造了大量的产品。起初，产品的生产只是为了满足当地的生产，随着生产力的不断提高，以及人的需求的扩大，资本家开始将产品向其他地区展开销售。交通的便利为商品的流通提供了条件，交通条件的便利，扩大了地区与地区之间的沟通，同时也使人的需求不断扩大。需求的扩大，激发了资本家要扩大生产规模的冲动，同时也加剧了资本家之间竞争的加剧，这就使得资本家被迫提高生产效率，将大量的新兴技术投入到产品生产当中，提高工人的生产技能。资本主义的发展使得社会生产力水平大大提高，生产力水平的显著提高，是资本主义对人类社会的最大贡献。

二、更加丰富和完善的社会分工

资本竞争的加剧使生产力水平得到显著提高。资本家投入大量的资本来从事生产，目的在于把生产出来的产品投入市场，进行商品交换，从而获取大量的利润。资本家追求利润的目标促进了社会成员的分工。事实上，社会分工是社会发展的动力。资本主义的发展促进了社会的分工，每个社会成员被安排从事各种不同的工作，社会的构成不断完善和健全，每个人都得到了相应的工作岗位，促进了社会成员从事工作的热情，调动了社会成员从事生产劳动的积极性，而这种情形，在以往的社会形态当中是完全不可想象的。

在以往的社会形态当中，社会分工是非常有限的，只有农民、手工业者、小商贩，以及从事教育、政治和军事活动的人员，除此之外，社会就很难再提供和安排其他的工作岗位来分配社会成员，造成这种现象的主要原因就是受到当时的社会生产力水平限制。

到了资本主义社会，社会生产力的发展较之以往的时代发生了实质性的飞跃，生产力的提高，表明社会需要更多的人从事社会劳动，这在根本上是对劳动力的需求，而对劳动力的大量需求，就更加促进了社会生产力的发展。因此，在资本主义社会，生产力的提高可以使社会能够满足更多的人从事各个行业的劳动，这与以往的社会分工模式产生了实质性的差别。

三、促进了科学技术的蓬勃发展

在资本主义社会里，资本家之间为了占据市场而进行的竞争，在根本上促进了科学技术的蓬勃发展。资本之间的竞争之所以会促进科学技术的发展，是因为资本家生产产品的目的就是为了获取更多的利润；而产品经过生产之后，是不会直接产生效益的，只有投入到市场当中，通过等价交换，资本家才能获取之前所预想的利润和增殖效益。因此，在资本主义社会里，生产绝不是最终目的，只有占据市场才会有销售，才会有产生利润的空间。因此，谁先占据了市场，谁就提前获取了利润，谁就在投入资本之后没有产生亏损。因此，资本家之间竞争的根本目的是为了获取利润，而提前占据市场是资本家之间竞争的手段。

所以，随着社会生产力的提高，资本家之间的竞争也就不断扩大，为了及早占据市场，资本家必须提前生产出产品，但是产品的生产快慢和质量涉及到多方面的因素，工人、机器、原材料和生产产品的条件都是生产产品的必备因素。所以，资本家要想尽快地生产出产品，就需要提高劳动生产率，生产率提高的多少依赖于资本家投入资本的多少，资本投入得越多，生产效率就越高。资本的投入方式有多种，可以把资本的投入集中于原材料的多少和质量，也可以将资本投入于机器的更新换代，或者是对工人的生产技能进行培训，也可以把资本投入到工作环境的改变上。

资本家因为竞争的需要，要求提高工人生产产品的效率。但是，工人生产的产品的质量和数量的多少，取决于工人工作时间的长短和资本家在资本上投入的多少。所以，资本家一方面大力投资于原材料的来源、机器的更新换代、工作环境的提升和工人生产能力的培训上；另一方面又试图延长工人的工作时间。所以，在资本主义社会，由于生产的需要，科学技术开始兴起，因为生产效率的提高依赖于科学技术的应用程度。资本家为了追求更大的市场空间，为了提高生产产品的工作效率等一系列需要，就使得新兴的科学技术有了施展才华和应用的空间，正因为如此，科学技术得以应用和发展。

第二节　资本主义的消极影响

一、阶级矛盾日趋尖锐

资本主义社会生产资料的积累是建立在生产资料私有制这一分配模式上的。这就是说，社会上的生产资料全部都归个人所有，生产资料的私有制在根本上决定了社会财富分配不均匀，财富的分配不公是阶级对立产生的来源。因此，在资本主义社会就出现了两大对立的阶级集团，即资产阶级阵营和无产阶级阵营。

资产阶级是社会上的统治阶级，资产阶级掌握着社会上的所有财富；而无产阶级，顾名思义，就是没有任何生产资料和财富基础的阶级。资产阶级的财富来源于对无产阶级的剥削，资产阶级的代表是资本家，无产阶级的代表是工人。

在资本主义社会刚刚兴起的时候，资产阶级为了扩大生产规模，因此就需要占用更多的土地来开设更多的工厂。正因为这样，才出现了像17世纪在英国爆发的圈地运动。农民的土地被资本家占用，农民失去了大片的土地，无法继续生存，这就造成大批的农民开始被迫进入城市。

农民进入城市，为资本家开设的工厂提供了充足的劳动力——工人。从这个时候起，农民不再是农民，而是变成了工人。工人的主要工作是在工厂里从事生产劳动，为资本家生产更多的产品。但是，工人生产出来的产品越多，他所获得的相应的工资却越少，导致工人的生活越来越贫穷，这究竟是为什么呢？原来，资本家之所以要投入资本进行生产，是要从生产出来的产品当中获取更多的利润，工人是生产过程当中的一个环节，资本家最后所得利润其中就包括工人生产出来的剩余价值。因此，资本家想要获取更多的剩余价值，就需要从工人的劳动中获取，这就导致工人的工作时间的延长和工作量的增加。此外，资本家生产产品的目的是为了获得利润，是为了获取更大的资本积累；而工人从事生产劳动的目的是为了生存，是为了活着。资本家追求财富积累的目的一刻都没有停止，为了获取更多的资本积累当然也会不择手段。

为了占据商品市场，资本家需要投入大量的资本到提高生产效率上，以获取更多的利润，但是资本家更希望投入最少的资本来获取最大限额的利润。就这样，资本家把目光转移到了工人的工资上面，资本家的做法是，尽可能地增加工人的劳动量，尽可能地延长工人的工作时间，尽可能地克扣工人最多的工资。这三个尽可能使得工人在付出了最多的劳动之后，回报他的却是相当少的一部分工资。

工人的工资不能得到满足，他的生活状况就无法得到改善，而工人的工资越少，资本家得到的剩余价值就越多，他的资本就积累得越快。所以整个社会就表现出，工人的生活越加穷困，资本家的生活就越是肥得流油，工人与资本家之间生活状况的鲜明对比，造成两大阶级之间对立的矛盾越来越激烈。

所以，在资本主义社会里，资本家财富积累的完成，是以阶级之间日益加剧的矛盾来实现的。而生产力的提高也恰恰是以资产阶级对工人阶级的残酷剥削和压迫来实现的，阶级之间的矛盾是资本主义社会的不可调和的创伤。

二、人的存在价值日益受到压抑

资本主义社会的出现，大大提高了社会生产力，创造了不计其数的社会财富，同时也为人类提供了丰富的物质文化需要。

但是，资本主义社会之所以能够大大地提高社会生产力，是靠资本家对工人的残酷剥削来实现的。资本家过着逍遥自在的生活，而工人每天却是在为基本的生存需要而奋斗着。人之所为人，不仅仅是因为人具有主观能动性、会使用工具，在根本上，人之所以为人，是因为人是自由自在的存在，不应受到任何物质条件和外在因素影响和约束的存在。但是，在资本主义社会里，由于资本逻辑的嵌入，人的这种自由自在的个性被彻底限制住了，社会上的人，无不受到资本逻辑的影响。资本家为了追求资本的积累，为了获取更多的剩余价值，陷入到对财富的热切追求当中，无法自拔，资本家的灵魂被追求资本的冲动所淹没；而工人长期受到资本家的残酷剥削，但是为了生存，又无法改变这一悲惨的命运，只能任由资本家的剥削和压迫。在工人这里，人存在的价值被彻底地贬低，人的生存状况和动物已经没有太大的差别，只不过一个是生活在人类世界，另一个是生活在动物世界。工人受到资本家的剥削，所得的工资只能满足其基本的生命延续，而作为人所应有的价值却无从谈起。

所以，在资本主义社会里，不论是那些在社会上掌握着大量财富的资本家，还是生活在社会底层的工人阶级，都受到了资本逻辑的深刻影响，而人作为人所应有的价值无法得到彰显，反而深深地陷入对资本的追求当中而无法自拔。资本主义虽然在一方面极大地促进了社会生产力的发展，但是人之为人所应有的自由自在的个性却无法得到显现，这是非常可悲的。

知识链接

辩证唯物主义

辩证唯物主义，是马克思、恩格斯批判地吸取德国古典哲学——黑格尔的辩证法的“合理内核”和费尔巴哈唯物论的“基本内核”，在总结自然科学、社会科学和思维科学的基础上创立的系统科学的逻辑理论思维形式，是一种以马克思和恩格斯学说来研究现实的哲学方法，是用“辩证的观点”和“唯物论的观点”解释和认识世界的理论。一般认为“辩证唯物主义”和“唯物辩证法”在本质上是一致的。

辩证唯物主义的基本观点有：1.唯物主义认为，物质是第一性的，意识是第二性的。世界的本原是物质，世界的万事万物都是物质派生出来的。2.物质世界是按照它本身所固有的规律运动、变化和发展的。规律是客观的，是不以人的主观意志为转移的。3.辩证的唯物主义观点是相对于机械唯物主义而言的，即将辩证法与唯物主义相结合。

不可知论

不可知论是一种唯心主义的认识论，认为除了感觉或现象之外，世界本身是无法认识的。它否认社会发展的客观规律，否认社会实践的作用。不可知论最初是由英国生物学家T.H.赫胥黎于1869年提出的。不可知论断言人的认识能力不能超出感觉、经验和现象的范围，不能认识事物的本质及发展规律。在现代西方哲学中，许多流派从不可知论出发来否定科学真理的客观性，否认认识世界的可能性或者否认彻底认识世界的可能性。

德国古典哲学

德国古典哲学一般是指康德、费希特、谢林、黑格尔和费尔巴哈的哲学，是代表西方近代哲学的最高阶段。它继承了由德国哲学家莱布尼茨代表的唯理主义倾向，同时又受到了苏格兰启蒙运动中著名哲学家休谟的经验主义和怀疑论的影响，此外，以莱辛、歌德为代表的启蒙运动文学也对德国古典哲学起到了相当程度的影响。（斯宾诺莎的宿命论思想有时也被认为是德国古典哲学的重要思想来源之一。）在这些思想的共同影响下，德国古典哲学家总结并探讨了一系列哲学上的重大问题，尽管他们中的多数经常被泛泛地认为是唯心主义者，但他们的主张却不是统一的。

康德是一个二元论者和不可知论者，他为了调和唯理主义和经验主义，提出了自己的批判哲学。费希特则持有一种主观唯心主义（后期也被认为倾向于客观唯心主义），谢林和黑格尔有时候被认为是客观唯心主义者，但事实上他们的意见是非常不同的。直到费尔巴哈以一种唯物主义的观点对黑格尔宏大的形而上学体系提出抨击，从而终结了德国古典哲学。

德国古典哲学具有抽象性和思辨性的特点，同时它也是马克思主义的三个理论来源之一。此外，它提出了包括认识论、本体论、伦理学、美学、法哲学、历史哲学以及政治哲学等领域的各种重大问题和范畴，标志着近代西方哲学向现代西方哲学的过渡。

第二次工业革命

第二次工业革命，也称第二次科技革命，是指1870年至1914年的工业革命。其中西欧和美国以及1870年后的日本，工业得到飞速发展。第二次工业革命紧跟着18世纪末的第一次工业革命，并且从英国向西欧和北美蔓延。第二次工业革命以电力的大规模应用为代表，以电灯的发明为标志。

第二国际

第二国际，即“社会主义国际”，是一个工人运动的世界组织。1889年7月14日在巴黎召开了第一次大会，通过《劳工法案》及《五一节案》，决定以同盟罢工作为工人斗争的武器。组织后因第一次世界大战爆发而解散，其后伯尔尼国际成立并作为实体运作。第二国际所做出影响最大的动作包括宣布每年的5月1日为国际劳动节，宣布每年的3月8日为国际妇女节，并创始了八小时工作制运动。当今世界最大的政党组织“社会党国际”实际上为其延续，在二战后的1951年成立，成员均为原第二国际成员。

第一国际

第一国际，即国际工人联合会，1864年由英、法、德、意四国工人代表在伦敦开会成立，马克思代表德国工人参加该组织的工作，并逐渐用“科学社会主义”理论作为组织指导思想。由于会名太长，有时人们取它的第一个单词“International”代指，简称为“国际”，历史上即称为“第一国际”。1871年，第一国际法国支部参加并领导了巴黎公社运动。但是随着巴黎公社的失败，第一国际也日渐衰弱，1876年正式宣布解散。

俄国二月革命

俄国二月革命是1917年3月8日于俄罗斯发生的民主革命，是俄国革命的序幕。其即时结果就是沙皇尼古拉二世被迫退位，俄罗斯帝国灭亡。二月革命结束了封建专制的统治，之后出现了两个政权并立的局面，即资产阶级临时政府和苏维埃政权。后又因为临时政府的措施不当，爆发了十月革命。以列宁为首的苏维埃政权控制了局面。二月革命为俄国无产阶级反对资产阶级、争取社会主义的斗争创造了有利的条件。发生在第一次世界大战期间的二月革命的胜利，促进了欧洲各国被压迫人民和被压迫民族反对帝国主义战争、反对本国反动政府、争取民主权利和民族解放的革命运动的高涨。

法国1789年的资产阶级大革命

法国大革命，又称法国1789年的资产阶级大革命，是1789年在法国爆发的资产阶级革命，法国的政治体制在大革命期间发生了史诗性的转变：统治法国多个世纪的绝对君主制与封建制度在三年内土崩瓦解，过去的封建贵族和宗教特权不断受到自由主义政治组织和平民的冲击，传统观念逐渐被全新的天赋人权、三权分立等民主思想代替。

法国大革命始于1789年5月的三级会议。革命的头一年，第三等级的革命民众在6月发表了《网球场宣言》，7月攻占了巴士底狱，8月凡尔赛妇女运动迫使法国王室在10月返回巴黎。之后几年不断出现自由集会和保守的君主制度改革。1792年9月22日，法兰西第一共和国成立，路易十六在次年被推上了断头台。不断出现的外部压力实际上在法国革命中起到了主导作用，法国革命战争从1792年开始，取得了一个世纪以来法国未曾取得的胜利，并使法国间接控制了意大利半岛和莱茵河以西的领土。在国内，派系斗争及民众情绪的日益高涨导致了1793年至1794年恐怖统治的产生。罗伯斯庇尔和雅各宾派倒台以后，督政府于1795年掌权，直到1799年拿破仑上台后结束。

关于法国大革命的结束时间尚存争议，正统观点认为1799年的雾月政变为革命终结的标志；另有观点认为1794年7月雅各宾派统治的结束为革命的终结；还有观点认为1830年七月王朝建立是革命终结的标志。

现代社会在法国革命中拉开帷幕，共和国的成长、自由民主思想的传播、现代思想的发展以及国家之间大规模战争的出现都是此次革命的标志性产物。在作为近代一场伟大的民主革命而受到赞扬的同时，法国大革命也因其间所出现的一些暴力专政行为而为人诟病。革命随后导致了拿破仑战争、两次君主制复辟以及两次法国革命。接下来直至1870年，法国在两次共和国政府、君主立宪制政府及帝国政府下交替管治。

历史学家、《旧制度与大革命》的作者托克维尔则认为，1789年法国革命是迄今为止最伟大、最激烈的革命，代表法国的“青春、热情、自豪、慷慨、真诚的年代”。

封建主义

封建主义包括三个方面：一是指封建专制制度，包括政治、经济制度在内的整个社会制度；二是指意识形态；三是指以封建主义思想为指导，为建立或复辟封建专制制度而进行的活动。三者之间相互联系又相互区别，不能等同和混淆。也可以说，封建主义在经济上代表的是地方保护主义和部门主义；在政治上代表的是专制主义和宗法制度；在思想上代表的是纲常伦理、宗法意识和社会生活中的各种落后、愚昧现象、迷信思想和活动。包括制度、活动、思想三方面含义的封建主义，才能称之为完整意义上的封建主义。

个体经济

以生产资料个体所有和个体劳动为基础的经济。如小农经济、小手工业经济、个体商业等。原始社会解体时产生，存在于奴隶社会、封建社会、资本主义社会和社会主义社会，但从来没有成为独立的社会经济形态，而总是从属于占统治地位的经济。具有规模小、经营分散、经济不稳定等特点。在我国，经过社会主义改造，绝大部分个体经济已经转变为社会主义集体经济。但在社会主义国营经济和集体经济占绝对优势的前提下，在法律规定的范围内允许个体经济存在，作为社会主义公有制经济的补充。

工业革命

工业革命，又称产业革命，是指资本主义工业化的早期历程，即资本主义生产完成了从工场手工业向机器大工业过渡的阶段。工业革命是以机器取代人力，以大规模工厂化生产取代个体工场手工生产的一场生产与科技革命。由于机器的发明及运用成为了这个时代的标志，因此，历史学家称这个时代为“机器时代”。

有人认为工业革命在1759年左右已经开始，但直到1830年，它还没有真正蓬勃地展开。大多数观点认为，工业革命发源于英格兰中部地区。1769年，英国人瓦特改良蒸汽机之后，由一系列技术革命引起了从手工劳动向动力机器生产转变的重大飞跃。随后自英格兰扩散到整个欧洲大陆，19世纪传播到北美地区。一般认为，蒸汽机、煤、铁和钢是促成工业革命技术加速发展的四项主要因素。在瓦特改良蒸汽机之前，整个生产所需动力依靠人力和畜力。伴随蒸汽机的发明和改进，工厂不再依河或溪流而建，很多以前依赖人力与手工完成的工作自蒸汽机发明后被机械化生产取代。

工业革命是一般的政治革命不可比拟的巨大变革，其影响涉及人类社会生活的各个方面，使人类社会发生了巨大的变革，对人类的现代化进程的推动起到了不可替代的作用，把人类推向了崭新的蒸汽时代。

共产国际

共产国际，亦称“第三国际”，1919年3月2日至6日在列宁的领导下，在莫斯科召开了共产国际第一次代表大会。参加大会的有来自欧、亚、美洲21个国家的35个政党和团体的代表52人，通过了列宁起草的《共产国际宣言》、《共产国际行动纲领》等文件，宣告了共产国际的成立。共产国际在其存在的24年中，共召开过7次代表大会和13次执行委员会全会。共产国际在列宁领导期间，成绩比较显著。1924年1月，列宁去世后，共产国际出现了一些错误。总的来说，共产国际在宣传马克思列宁主义，团结各国无产阶级和被压迫民族，领导和推动无产阶级革命运动，促进亚非拉民族解放运动，反对帝国主义和法西斯主义，促进各国共产党的成长等方面起了重大的作用。

共产主义

共产主义是一种政治思想，主张消灭私有产权，并建立一个各尽所能、按需分配的生产资料公有制（进行集体生产）社会，而且是一个没有阶级制度、国家和政府的社会。在这一体系下，土地和资本财产为公共所有。其主张劳动的差别并不会导致占有和消费的任何不平等，并反对任何特权。在科学共产主义（马克思主义及其各流派）的理论中，它在发展上分两个阶段，初级阶段是社会主义，高级阶段是共产主义。通常所说的共产主义，指共产主义的高级阶段。

按照马克思主义理论（历史唯物主义），资本主义必将为共产主义所取代，这是不以人们的意志为转移的社会发展的历史规律。因随着工业革命后各种机械自动化生产所带来的高生产力，长期而言经济生产所需的人力将愈来愈少，在私有财产制度下绝大多数人将会失业，因此，社会若想继续和平发展就必须进入共产主义，将愈来愈少的工作量分配给各个工作的人，除了为兴趣而自愿长期工作的人之外，基本上多数人可减少许多工作时间就能维持日常生活。共产主义思想在实行上，需要人人有高度发达的集体主义精神，而这就要求社会生产力达到充分的发展和极度的发达。

共产主义社会

共产主义社会是一种社会形态，它是在生产资料公有制的条件下，在高度发达的社会生产力的基础上所实行的一种各尽其职、按需分配的劳动者自由联合的社会经济形态。

后马克思主义

后马克思主义的概念自20世纪80年代以来就以一种不太准确和规范的方式被使用着，它并非描述一个学派，而是描述一个趋向。后马克思主义倡导一种偶然的话语逻辑，它主张把意识形态和经济及阶级要素完全剥离开来，然而，对于后马克思主义自身的“发生学”分析，后马克思主义的话语理论却无能为力。后马克思主义不论作为一种思想倾向，还是作为一种确定的理论立场，它的生成、确立和盛行都不是脱离社会文化环境的纯粹话语运作的结果，就像后马克思主义本身不能够完全拒斥马克思主义一样，对后马克思主义社会和思想根源的理论透视也离不开马克思主义的分析方式。后马克思主义之所以在20世纪70年代末至80年代中期孕育成形，有着它特定的社会的、政治的、阶级的、思想的以及学理上的源流。

货币

货币是用作交易媒介、储藏价值和记账单位的一种工具，是专门在物资与服务交换中充当等价物的特殊商品。既包括流通货币，尤其是合法的通货，也包括各种储蓄存款。在现代经济领域，货币的领域只有很小的部分以实体通货方式显示，即实际应用的纸币或硬币，大部分交易都使用支票或电子货币。货币区是指流通并使用某一种单一的货币的国家或地区。不同的货币区之间在互相兑换货币时，需要引入汇率的概念。

机会主义

机会主义，也称投机主义，指为了达到自己的目标不择手段的做法，突出的表现是不按规则办事，视规则为腐儒之论，其最高追求是实现自己的目标，以结果来衡量一切，而不重视过程。如果它有原则的话，那么它的最高原则就是成王败寇。机会主义也可指工人运动或无产阶级政党内部出现的违背马克思主义根本原则的思潮、路线。它是资产阶级或小资产阶级思想的反映。机会主义有两种表现形式：一种是右倾机会主义，另一种是“左”倾机会主义。

基督

基督，基利斯督之简称，来自于希腊语，是亚伯拉罕诸教中的术语，原意是“受膏者”（中东地区肤发易干裂，古代的以色列王即位时必须将油倒在国王的头上，滋润肤发，象征这是神用来拯救以色列人的王，后来转变成救世主的意思），也等同于希伯来语中的名词弥赛亚，意思为“被涂了油的”。在基督教、圣经当中基督是“拿撒勒”主耶稣的专有名字，即“主耶稣基督”。

基督教

基督教是一种以新旧约全书为圣经，信仰神和天国的宗教，发源于中东地区。在人类发展史中，基督教扮演着非常重要的角色，中世纪到文艺复兴尤甚。基督徒是相信耶稣为神（天主或称上帝）的圣子、人类的救主（弥赛亚，即基督）的一神论宗教。基督教与伊斯兰教、佛教并列为当今三大世界性宗教。基督教主要有天主教（又称公教会）、希腊正教（又称正教会、东正教）、基督新教（华人俗称基督教）三大派别，以及其他许多规模较小的派别。基督教虽然发源于中东地区，但后来由于阿拉伯帝国和奥斯曼土耳其帝国的兴起、扩张和持续打压，基督教的传播中心逐渐转移至欧洲，并在欧洲发扬光大，并由此传播至远东、美洲、非洲、大洋洲等地。中文语汇的“基督教”一词时常是专指基督新教，这是中文目前的特有现象。基督教徒约有17亿7千万人。天主教徒占其中的52.89%（约10亿人），基督新教占其中的17.63%（约3亿人），而东正教则占其中的10.64%（约2亿人）。

价值

价值，泛指客体对于主体表现出来的积极意义和有用性。可视为是能够公正且适当反映商品、服务或金钱等值的总额。在经济学中，价值是商品的一个重要性质，它代表该商品在交换中能够交换得到其他商品的多少，价值通常通过货币来衡量，称为价格。这种观点中的价值，其实是交换价值的表现。

根据新古典主义经济学（目前比较流行的一种经济学理论），物体的价值就是该物体在一个开放和竞争的交易市场中的价格，因此，价值主要取决于对于该物体的需求，而不是供给。

有些经济学者经常把价值等同于价格，不论该交易市场竞争与否。而古典经济学则认为价值和价格并不等同。按照马克思主义政治经济学的观点，价值就是凝结在商品中无差别的人类劳动，即商品价值。马克思还将价值分为使用价值（给予商品购买者的价值）和交换价值（使用价值交换的量）。

价值规律

价值规律，亦称“价值法则”，是商品生产和商品交换的基本规律。其主要内容和客观要求是商品的价值量由生产商品的社会必要劳动时间决定，商品按照价值量相等的原则进行交换。在以货币为媒介的商品交换中，要求价格符合于价值。

价值量

商品的价值量是商品价值的大小，通常是单位价值量。商品的价值量不是由各个商品生产者所耗费的个别劳动时间决定的，而是由社会必要劳动时间决定的。商品是劳动产品，商品的价值是由劳动形成的，因而它的价值量要由生产商品所耗费的劳动时间来衡量。在其他条件不变的情况下，商品的价值量越大，价格越高；商品的价值量越小，价格越低。若其他因素不变，单位商品的价值量与生产该商品的社会劳动生产率成反比。价值决定价格，价格是价值的货币表现，价值是价格的基础。

交换价值

交换价值指的是当一种产品在进行交换时，能换取到其他产品的价值。交换价值在马克思的学说中，是物品借着一种明确的经济关系才能够产生出的价值，也就是说，经济关系乃是交换价值的背景。交换价值只有在一个产品进行交换时，特别是产品作为商品在经济关系中出售及购买时，才具有意义。交换价值的根本属性是产品的使用价值，但是交换价值在商品交易中根据双方需求会发生较大的波动。例如，1升水在平时和旱季，其使用价值是一样的，但是交换价值的变化却很大。

科学社会主义

科学社会主义是与空想社会主义相对而言的、关于社会主义的科学的理论体系、理论模型与实践模式。科学社会主义是人类一切文明成果的结晶。马克思、恩格斯运用辩证唯物主义的逻辑思维形式，在批判历代空想社会主义的基础上，以历史唯物主义的观点揭示和发现了人类社会发展的规律及当代资本主义经济运动的规律——剩余价值规律。马克思的这两个规律的发现使社会主义从空想变成了科学。科学社会主义是关于无产阶级解放斗争发展规律的科学，是一门政治科学，或者说是一门政治学。

可知论

可知论认为世界是可以为人所认识的，世界上只有尚未被认识的事物，不存在不能认识的事物。一切的唯物主义者都是可知论者，他们坚持物质第一性，意识第二性；彻底的唯心主义者也是可知论者，但他们坚持意识第一性，物质第二性。

空想社会主义

空想社会主义又称乌托邦社会主义，是产生于资本主义生产状况和阶级状况尚未成熟时期的一种社会主义学说，是现代社会主义思想来源之一。空想社会主义者相信在不久的将来可以建立理想的意识形态社会，并为之不懈努力奋斗。这种学说最早见于16世纪托马斯·莫尔的《乌托邦》一书，盛行于19世纪初期的西欧。空想社会主义者认为社会主义的理想社会应该建筑在人类的理性和正义的基础上，而这种社会至今还未出现，是由于人们不认识和不承认的缘故。他们觉得只要有天才掌握了这种思想，并推广开去，就能实现他们心中的理想社会。空想社会主义者反对资本主义，并认为资本主义的剥削制度是由于人类在道德和法律上犯了错误，背弃了人类的本性而产生的。

劳动对象

劳动对象指劳动本身所对应的客体，比如耕作的土地、纺织的棉花等。包括两大类：一是自然界的物质，即未经人类加工过的自然物，如矿藏；一是人类劳动加工过的，用作原材料的产品，如棉花、钢铁等。

劳动力

劳动力，即人的劳动能力，指蕴藏在人体中的脑力和体力的总和。物质资料生产过程是劳动力作用于生产资料的过程。离开劳动力，生产资料本身是不可能创造任何东西的。但是，在物质资料生产过程中，劳动力发挥作用，除了必须具备一定的生产经验和劳动技能或科学文化知识外，还必须具备一定量的生产资料，否则，物质资料生产过程也是不能进行的。劳动者在生产过程中运用自己的劳动力和生产工具，作用于劳动对象，既可以创造出物质财富，也可以不断提高自己的劳动技能。

历史唯物主义

历史唯物主义是马克思主义哲学的重要组成部分，也被称为“唯物主义历史理论”或“唯物史观”。历史唯物主义为马克思和恩格斯所创立，以黑格尔的辩证法，结合费尔巴哈的唯物论，去解释人类历史演变的过程，并被列宁、毛泽东等人所发展，被认为是马克思主义的社会历史观和认识、改造社会的一般方法论。因其主要关注的是对历史规律的阐明，因而历史唯物主义可以归入历史哲学，具体地说是一种思辨的历史哲学。

历史唯物主义认为历史发展是客观的和有其特定规律的，其最基本的规律就是生产力决定生产关系，生产关系对生产力有反作用（可能促进或阻碍）。伴随着生产力的发展，人类社会会历经原始社会、奴隶社会、封建社会、资本主义社会、社会主义社会，最终走向共产主义社会。

马克思列宁主义

马克思列宁主义是马克思主义和列宁主义的统称。马克思主义是对马克思和恩格斯的观点和学说的总体称谓，是无产阶级及其政党的十分严整而彻底的世界观，是无产阶级开展解放运动的理论指导，是无产阶级根本利益的科学表现。列宁主义是帝国主义和无产阶级革命时代的马克思主义，是由列宁和他的战友在参加和领导俄国和国际工人运动的实践活动中，在同第二国际机会主义作斗争中，总结无产阶级新的历史经验和科学发展的新成果而形成的。它使无产阶级专政成为现实，使社会主义从科学的理论变成现实的社会制度。

马克思主义

马克思主义是马克思、恩格斯在19世纪工人运动实践基础上创立的理论体系。马克思主义主要以唯物主义角度编写而成。马克思主义理论体系包括三部分，即马克思主义哲学、马克思主义政治经济学、科学社会主义，分别是马克思、恩格斯受德国古典哲学、英国古典政治经济学、法国空想社会主义影响，并在此基础上创立的。马克思主义作为内涵丰富、外延无限的一整套严密的思想体系，我们可以从不同方面对其进行不同的定义。马克思主义从它的创造者、继承人的认识成果上讲，可以定义为：马克思主义是马克思、恩格斯创建的马克思主义者不断加以丰富发展的观点和学说的体系；从它的阶级属性讲，可以定义为：马克思主义是关于无产阶级和人类解放的科学，尤其是关于无产阶级斗争的性质、目的和条件的学说；从它的研究对象讲，可以定义为：马克思主义是一个内容极其丰富的、宏伟的、科学的理论体系，是关于自然、社会和思维发展普遍规律的学说，特别是关于资本主义发展和转变为社会主义，以及社会主义和共产主义发展普遍规律的学说。

马克思主义哲学

马克思主义哲学是关于自然、社会和思维发展的一般规律的科学，是唯物论和辩证法的统一，是唯物论自然观和历史观的统一。它是在继承和发展了德国的古典哲学，英国的古典政治经济学，英国、法国的空想社会主义下形成的马克思主义的三个组成部分之一。马克思主义哲学的主要理论来源是辩证法和唯物论，辩证唯物主义和历史唯物主义是马克思主义哲学的两大组成部分，实践概念是它的基础。

马克思主义政治经济学

马克思主义政治经济学，是马克思主义的重要组成部分。它既是我们从理论高度认识和研究资本主义的经济科学，也是我们进行社会主义经济建设和改革开放的理论指导。马克思主义政治经济学，首先包括马克思创建的政治经济学的基本原理和方法，也包括后来由列宁、毛泽东、邓小平和党中央发展了的经济思想与理论，还包括经济学界以马克思主义为指导研究当代资本主义和社会主义所取得的有关成果。马克思主义政治经济学的基本观点主要包括在马克思的重要著作《资本论》中，在《资本论》中，马克思研究了资本主义经济学的理论和英国历年的经济统计资料，对资本主义经济学理论进行了分析和批判。

孟什维克

孟什维克（俄文音译，意为少数派）是俄国社会民主工党中的一个派别。孟什维克由马尔托夫领导，主张信任群众行动的自发性，涵盖所有无产阶级民众的所有行动。1903年召开俄国社会民主工党第二次代表大会期间，以列宁为首的马克思主义者同马尔托夫等人在制定党章时发生尖锐分歧。大会在选举中央领导机关成员时，拥护列宁的人得多数票，称布尔什维克（意为多数派），马尔托夫等得少数票，称孟什维克。会后，孟什维克发展成为俄国社会民主工党内主要的右倾机会主义派别，其观点称为孟什维主义。

七月革命

七月革命，即法国七月革命，是1830年欧洲的革命浪潮的序曲，因为波旁王室的专制统治令经历过法国大革命的法国人民难以忍受，以致法国人群起反抗当时法国国王查理十世的统治。此次革命的成功是维也纳会议后首次在欧洲成功的革命运动，革命鼓励了1830年及1831年欧洲各地的革命运动，表明维也纳会议后，由奥地利帝国首相梅特涅组织的保守力量未能抑制法国大革命后日益上扬的民族主义及自由主义浪潮。

青年黑格尔派

青年黑格尔派，又称黑格尔左派，是在19世纪30年代黑格尔哲学解体过程中产生的激进派，知名成员有布鲁诺·鲍威尔、大卫·施特劳斯、麦克斯·施蒂纳、费尔巴哈等。活动中心在柏林，马克思和恩格斯也曾参加过青年黑格尔派的活动。

人文主义

人文主义是在文艺复兴时期新兴资产阶级反封建反教会斗争

中形成的思想体系、世界观或思想武器，也是这一时期资产阶级进步文学的中心思想。它主张一切以人为本，反对神的权威，把人从中世纪的神学枷锁下解放出来。人文主义宣扬个性解放，追求现实人生幸福；追求自由平等，反对等级观念；崇尚理性，反对蒙昧。

商品

商品是一种用于满足购买者欲望和需求的产品。狭义概念中的商品是一种有形的物质产品，区别于无形的服务。就其本身而论，商品能以有形的方式交付给购买者，并且它的所有权也一并由销售者转移给了顾客。例如，苹果是有形的商品，相对而言，理发则是一种无形的服务。

社会必要劳动时间

社会必要劳动时间是与“个别劳动时间”相对而言的，指在现有的社会正常的生产条件下，在社会平均的劳动熟练程度和劳动强度下制造某种使用价值所需要的劳动时间。这里的“现有的社会正常的生产条件”是指现时某生产部门的平均生产条件，或大多数商品生产者所具有的生产条件，其中最主要是劳动工具的状况；这里的“平均的劳动熟练程度和劳动强度”是指中等水平或部门的平均劳动熟练程度和劳动强度。如生产一件上衣，各个商品生产者由于设备、技术熟练程度等差别，个别劳动时间从2小时到4小时不等，但一般用3小时的劳动就能生产出来，这3小时就是生产上衣的社会必要劳动时间，它随社会劳动生产率的提高而减少。另外，马克思在分析社会生产各部门之间按比例分配社会总劳动的必要性时，提出另一个意义上的社会必要劳动时间，是指满足社会对某种产品的需要而必须分配到某一部门去的那部分社会劳动时间，如社会需要10万双鞋，每双鞋需平均耗费社会劳动时间1小时，则生产鞋所需的社会必要劳动时间为10万小时。

社会主义

社会主义是一套经济体系和政治理论，主张或提倡公共或以整个社会作为整体，来拥有和控制生产资料（产品、资本、土地、资产等），其管理和分配基于公众利益。其提倡由集体或政府拥有与管理生产工具，分配物资。社会主义分为了诸多流派，从建立合作经济管理结构到废除等级制度以至于自由联合。作为一项政治运动，社会主义的政治哲学主张从改良主义到革命社会主义均有分布。如国家社会主义主张通过推动生产、分配和交换全方位的国有化来实现社会主义；自由社会主义倡导工人传统地控制生产方式，反对国家权力来进行管理；民主社会主义则通过民主化进程来寻求建立社会主义。

现代社会主义理论始于18世纪知识分子与工人阶级发起的批

评工业化与私有财产对社会影响的政治运动。早期的空想社会主义者，诸如罗伯特·欧文曾试图建立一个自给自足并脱离资本主义社会的公社；而圣西门则创造了名词socialisme，提倡技术官僚与计划工业的应用。马克思和恩格斯共同设计创造了一个理想的社会制度，通过除去导致不合格与周期性生产过剩的无政府主义和资本主义生产，来允许广泛应用现代科技，从而将经济活动合理化。在19世纪初期，社会主义还只是表明关注社会问题；到了19世纪末期，社会主义已经成为了建立基于社会共有的新体制的推动力，并站到了资本主义的对立面。

社会主义社会

社会主义社会，是一种社会形态，指用马克思主义理论指导，重视社会福利，采用财产公有制的，通常是共产主义政党专政、工人阶级领导的社会。按照马克思主义理论，社会主义社会是资本主义社会向共产主义社会的过渡性社会形态。

生产关系

生产关系是指在物质生产过程中形成的人们之间的社会关系，它集中体现了人们之间的物质利益关系。生产关系的内容包括人们在一定的生产资料所有制基础上形成的、在社会生产总过程中发生的生产、分配、交换和消费的关系。

生产力

生产力，又称“社会生产力”，是人们征服自然、改造自然、获得物质资料的能力。生产力和生产关系是社会生产不可分割的两个方面。生产力包括劳动者、劳动资料和劳动对象三大要素。

生产资料

生产资料，也称作生产手段，是马克思主义理论家认定的生产力三要素之一。生产资料主要指劳动者进行生产时所需要使用的资源和工具。一般包括土地、厂房、机器设备、工具、原料，等等。生产资料是生产过程中的劳动资料和劳动对象的总和，它是任何社会进行物质生产所必备的物质条件。

剩余价值

根据马克思主义理论，剩余价值是指从劳动者的劳动价值中剥削出来的利润（劳动价值和工资之间的差异），即“劳动者创造的被资产阶级无偿占有的劳动”。剩余价值概念是马克思主义政治经济学的核心概念，马克思主义政治经济学认为资本主义生产的实质就是剩余价值的生产，剩余价值规律是资本主义的基本经济规律，它决定着资本主义的一切主要方面和矛盾发展的全部过程，决定着资本主义生产的高涨和危机，决定着资本主义的发展和灭亡。

十月革命

十月革命（又称布尔什维克革命、俄国共产革命等），是1917年俄国革命经历了二月革命后的第二个阶段。十月革命发生于1917年11月7日（俄历10月25日）。前苏联、中国等社会主义国家及组织普遍认为，十月革命是经列宁和托洛茨基领导下的布尔什维克领导的武装起义，建立了人类历史上第二个无产阶级政权（第一个是巴黎公社无产阶级政权）和由马克思主义政党领导的第一个社会主义国家——苏维埃俄国。革命推翻了以克伦斯基为领导的资产阶级俄国临时政府，为1918年—1920年俄国内战和1922年苏联成立奠定了基础。

使用价值

使用价值，是一切商品都具有的共同属性之一。任何物品要想成为商品都必须具有可供人类使用的价值；反之，毫无使用价值的物品是不会成为商品的，使用价值是物品的自然属性。马克思主义政治经济学认为，使用价值是由具体劳动创造的，并且具有质的不可比较性。比如，人们不能说橡胶和香蕉哪一个使用价值更高。使用价值是价值的物质基础，和价值一起，构成了商品二重性。

世界观

世界观，也叫宇宙观，是哲学的朴素形态。世界观是人们对整个世界的总的看法和根本观点。由于人们的社会地位不同，观察问题的角度也不同，就形成了不同的世界观。哲学是其理论表现形式。世界观的基本问题是精神和物质、思维和存在的关系问题，根据对这两者关系的不同回答，划分为两种根本对立的世界观基本类型，即唯心主义世界观和唯物主义世界观。

私有制

私有制，也叫所有制，是相对于公有制的经济制度，是在这种制度下进行的生产资料个人或集体的排他性占有。私有制是剥削社会（以奴隶社会、封建社会、资本主义、特权主义和专制社会为代表）的基本标志之一。

托拉斯

托拉斯，是较高级的垄断组织形式。指由许多生产同类商品或在生产上有密切关系的企业为了垄断某些商品的产销，从而获得高额利润而组成的大型垄断企业。可分为以金融控制为基础的托拉斯和以企业合并为基础的托拉斯。托拉斯在美国最为普遍，其作用覆盖整个采购、生产、销售过程。

唯物史观

唯物史观即历史唯物主义。

唯物主义

唯物主义即唯物论，是一种哲学理论，肯定世界的基本组成为物质，物质形式与过程是我们认识世界的主要途径，持着“只有事实上的物质才是真实存在的实体”这一种观点，并且被认为是物理主义的一种形式。该理论的基础是，所有的实体（和概念）都是物质的一种构成或者表达，并且，所有的现象（包括意识）都是物质相互作用的结果，在意识与物质之间，物质决定了意识，而意识则是客观世界在人脑中的生理反应，也就是有机物出于对物质的反应。因此，物质是唯一事实上存在的实体。作为对现实世界的一种解释，唯物主义是唯心主义和心灵主义的一个对立面。

唯物主义有机械唯物主义和辩证唯物主义的区别，机械唯物主义认为物质世界是由各个个体组成的，如同各种机械零件组成一个大机器，不会变化；辩证唯物主义认为物质世界永远处于运动与变化之中，是互相影响、互相关联的。机械唯物论的代表人物是费尔巴哈，辩证唯物论的代表人物是马克思、恩格斯和列宁。

唯心主义

唯心主义即唯心论，又译作理念论、观念论，是哲学中对思想、心灵、语言及事物等彼此之间关系的讨论及看法。唯心论秉持世界或现实如同精神或意识，都是根本的存在。唯心论直接相对于唯物论，后者认为世界的基本成分为物质，我们对世界的认识主要是通过物质，并将其视为一种物质形式与过程。唯心论同时也反对现实主义的哲学观，后者认为在人类的认知中，我们对物体的理解与感知，与物体独立于我们心灵之外的实际存在是一致的。

马克思主义哲学则认为唯心论是哲学上的两大基本派别之一，是与唯物论对立的理论体系。唯心论在哲学基本问题上主张精神、意识的第一性，物质的第二性，也就是说，唯心论主张物质依赖意识而存在，物质是意识的产物的哲学派别，并认为可以区分为主观唯心论和客观唯心论两种基本类型。

乌托邦

乌托邦，也称理想乡，无何有之乡（源于《庄子》），是一个理想的群体对社会的构想，名字由托马斯·摩尔的《乌托邦》一书中所写的完全理想的共和国“乌托邦”而来。意指理想完美的境界，特别是用于表示法律、政府及社会情况。托马斯·摩尔在书中虚构了一个大西洋上的小岛，小岛上的国家拥有完美的社会、政治和法制体系。这个词用来被描述成一种被称为“意向社群”的理想社会和文学虚构的社会。

无产阶级

根据马克思主义理论，无产阶级一词指不拥有生产资本，单纯靠出卖劳动力获取收入的劳动者。马克思主义理论把无产阶级划分为普通无产阶级和下层无产阶级。在实际使用的含义中，近似地等同于近代以来出现的，主要受雇于资本家，依靠雇佣工资生活的工人群体。在马克思的理论中，无产阶级是被资产阶级通过剥削其生产价值和工资之间的差异（剩余价值）以获得利润的对象，因此，其大多在生存水平线上挣扎，教育相对落后（除非有极佳的社会福利），直到难以生存时，便容易铤而走险，当人数够多时，便会起身革命，尝试推翻现有政府及资本家。在社会主义社会，工人阶级已摆脱了被剥削、被压迫的地位，成为掌握国家政权的领导阶级。

小资产阶级

小资产阶级，指占有一定的生产资料或有少量财产的私有者，一般指不受他人剥削，也不剥削别人（或仅有轻微剥削），主要靠自己劳动为生的个体劳动者阶级。它在资本主义社会里是非基本的阶级，亦称为中间等级，主要包括农民、小手工业者、小商人、小业主等。作为劳动者，在思想上倾向于无产阶级；作为私有者，又倾向于资产阶级，极易受资产阶级思想的影响。因此，在反对封建主义的斗争中既具有革命性，同时也存在政治上的动摇性、斗争中的软弱性和革命的不彻底性。随着资本主义的发展，他们不断地向两极分化，大部分破产沦落为无产阶级或半无产阶级，小部分发财上升为资产阶级。

辛迪加

辛迪加，原意是“组合”、“联合”，是垄断组织的一种重要形式，属于低级垄断形式。辛迪加指同一生产部门的少数大企业为了获取高额利润，通过签订共同销售产品和采购原料的协定而建立的垄断组织。

形而上（学）

形而上出自《易经·系辞》，原文为“形而上者谓之道，形而下者谓之器”。用现代的思维讲，形而下就是指具体的器物（可以拓展到感性的事物），形而上就是指比较抽象的规律（包含做人做事的原则）。形而上是精神方面的宏观范畴，用抽象（理性）思维，形而上者道理，起于学，行于理，止于道，故有形而上者谓之道；形而下是物质方面的微观范畴，用具体（感性）思维，形而下者器物，起于教，行于法，止于术，故有形而下者谓之器。

形而上学（metaphysics，意为“物理学之后”）是哲学术语，哲学史上指哲学中探究宇宙根本原理的部分。马克思认为形而上学是指与辩证法对立的，用孤立、静止、片面的观点观察世界的思维方式。黑格尔把形而上学作为与辩证法相对立的一种机械教条的研究方法来批判，因此，形而上学也可以被表述成为教条主义。

修正主义

“修正”一词的含义，来源于拉丁文，有“修改、重新审查”的意思。“修正主义”一词，是在共产主义运动中对马克思主义进行歪曲、篡改、否定的一类资产阶级思潮和政治势力，是国际工人运动中打着马克思主义旗号反对马克思主义的机会主义思潮。

英国工人宪章运动

宪章运动是1838年到1848年发生在英国的一场普通劳动者要求社会政治改革的群众运动，是世界三大工人运动之一。列宁称之为“世界上第一场大规模的劳动阶级运动”。宪章运动的目的是，工人们要求取得普选权，以便有机会参与国家的管理。“普选权问题是饭碗问题”，工人阶级希望通过政治变革来提高自己的经济地位。

哲学

哲学是研究范畴及其相互关系的一门学问。范畴涉及到一门学科的最基本研究对象、概念和内容，哲学具有一般方法论的功能。

纸币

纸币，又叫钞票，是指以柔软的物料（通常是特殊的纸张）印制成的特殊货币凭证，通常是由国家发行并强制使用的一种货币符号。纸币本身不具价值，虽然作为一种货币符号，但其不能直接行使价值尺度职能，而是由国家对其面值进行定义。纸币是当今世界各国普遍使用的货币形式，而世界上最早出现的纸币，是中国北宋时期四川成都的“交子”。中国是世界上使用纸币最早的国家。

资本

资本，在经济学意义上，指的是用于生产的基本生产要素，即资金、厂房、设备、材料等物质资源。在金融学和会计领域，资本通常用来代表金融财富，特别是用于经商、兴办企业的金融资产。广义上，资本也可作为人类创造物质和精神财富的各种社会经济资源的总称。

资本主义

资本主义，也被称为自由市场经济或自由企业经济，其特色是个人或是企业拥有资本财产，且投资活动是由个人决策左右，而非由国家所控制，一般并没有准确之定义，不同的经济学家也对资本主义有不同的定义。一般而言，资本主义指的是一种经济学或经济社会学的制度，在这样的制度下绝大部分的生产资料都归私人所有，并借着雇佣或劳动的手段以生产资料创造利润。在这种制度里，商品和服务借由货币在自由市场里流通。投资的决定由私人进行，生产和销售主要由公司和工商业控制并互相竞争，依照各自的利益采取行动。

资产阶级

资产阶级是指占有社会生产资料并使用雇佣劳动的现代资本家阶级，其本质是以生产资料为手段无偿占有雇佣工人的劳动，是现代社会中的主要剥削阶级。

宗派主义

宗派主义是指党内存在的一种以宗派利益为出发点的思想和行为，是封建宗派思想、资产阶级、小资产阶级思想在组织上的表现。主要表现为：在个人与党的关系上，把个人放在第一位，把党放在第二位，向党闹独立性；在组织上，任人唯亲，在同志中拉拉扯扯，把资产阶级的庸俗作风搬进党里来；在党内关系上，只强调局部利益，只要民主，不要集中，不遵守个人服从组织、少数服从多数、下级服从上级、全党服从中央的民主集中制原则，进行无原则的派别斗争；在和党外人士的关系上，妄自尊大，骄傲自满，不尊重人家，不学习人家的长处，不愿和人家合作等。

爱德华·伯恩施坦

爱德华·伯恩施坦（1850—1932），是德国社会民主党的著名活动家，他一生的理论和政治活动经历了不同阶段：小资产阶级激进民主主义者，马克思主义者，修正主义者。从1881年初担任党机关报《社会民主党人报》编辑到1895年恩格斯逝世，这15年是伯恩施坦的黄金时代。他是作为一位杜林主义者加入德国社会民主党的，以拉萨尔主义和杜林主义的眼光来看待马克思和马克思主义。在此期间，他在恩格斯的直接关怀和指导下，对于传播马克思主义、反对党内机会主义、揭露和批判统治阶级的反动政策等方面，对党内的建设做出了重大贡献，因此，他在党内和国际工人运动中赢得了很高的声誉。列宁也曾说，伯恩施坦当时是一个“革命的社会民主党人”。1895年8月恩格斯逝世后，伯恩施坦“修正”马克思主义基本原理的倾向开始公开显露出来。1896年至1898年，他在《新时代》上以《社会主义问题》为总题目发表的一组文章，成为他对马克思主义“传统解释”的最初“批判”，成为这一时期对马克思主义公开责难的代表，开启了德国社会民主党内关于什么是马克思主义、如何发展马克思主义的大争论。

爱尔维修

克洛德·阿德里安·爱尔维修（1715—1771），是18世纪法国唯物主义哲学家，法国启蒙思想家。他出生在巴黎一个宫廷医生的家庭，毕业于耶稣会办的专科学校，曾任总报税官。他考察了第三等级的贫困生活和封建贵族的糜烂生活，因而痛恨封建制度。后来，他辞去官职，专心著述，并和思想家狄德罗、霍尔巴赫等人参加了《百科全书》的编辑工作，对封建制度及教会进行了无情的揭露和批判。他的主要著作包括《论精神》和《论人的理智能力和教育》。

奥格斯特·倍倍尔

奥格斯特·倍倍尔（1840—1913），德国社会民主党的主要领导人之一，德国和国际工人运动活动家。1840年2月22日生于普鲁士，1913年8月13日卒于瑞士格尔桑斯。1865年8月结识李卜克内西，在其帮助下成长为社会主义者。1866年同李卜克内西创建萨克森人民党，加入第一国际。次年当选为德国工人协会联合会主席，并促使该会于1868年参加第一国际。1867年当选北德意志联邦议会议员，成为议会中第一个工人代表，坚决反对俾斯麦的“铁血政策”，主张通过自下而上的革命统一德意志。他和李卜克内西于1869年8月共同创建德国社会民主工党（爱森纳赫派），并制定了党纲。

柏拉图

柏拉图（约前427—前347），古希腊伟大的哲学家，也是全部西方哲学乃至整个西方文化最伟大的哲学家和思想家之一。他和老师苏格拉底、学生亚里士多德并称为古希腊三大哲学家。柏拉图出身于雅典贵族家庭，青年时师从苏格拉底。苏格拉底死后，他游历四方，曾到埃及、北非、小亚细亚沿岸和意大利南部从事政治活动，企图实现他的贵族政治理想。公元前387年活动失败后，游历12年的柏拉图逃回雅典，在一所称为阿卡德米的体育馆附近建立了一所学园，此后执教40年，直至逝世。他一生著述颇丰，其教学思想主要集中在《理想国》和《法律篇》中。柏拉图是西方客观唯心主义的创始人，其哲学体系博大精深，对其教学思想影响尤甚。柏拉图认为世界由“理念世界”和“现象世界”所组成。理念的世界是真实的存在，永恒不变，而人类感官所接触到的这个现实的世界，只不过是理念世界的微弱的影子，它由现象所组成，而每种现象是因时空等因素而表现出暂时变动等特征。由此出发，柏拉图提出了一种理念论和回忆说的认识论，并将它作为其教学理论的哲学基础。

保尔·拉法格

保尔·拉法格（1842—1911），法国杰出的马克思主义理论家，法国工人党和第二国际创建人之一。拉法格反对新康德主义和哲学上的修正主义，捍卫和宣传辩证唯物主义和历史唯物主义，拉法格还批判了饶勒斯的修正主义哲学观点。

布鲁诺·鲍威尔

布鲁诺·鲍威尔（1809—1882），德国哲学家，青年黑格尔派代表之一。柏林大学毕业，曾在柏林大学、波恩大学任教，因发表《同观福音作者的福音史批判》而遭解聘，从此退隐。否认福音故事的可靠性以及耶稣其人的存在。将黑格尔的自我意识解释为同自然相脱离的绝对实在，并用它来代替黑格尔的“绝对观念”，宣称“自我意识”是最强大的历史创造力，马克思和恩格斯在《神圣家族》一书中对此予以严厉批判。主要著作还有《福音的批判及福音起源史》、《斐洛、施特劳斯、勒男与原始基督教》等。

陈独秀

陈独秀（1879—1942），安徽怀宁人，思想家、政治人物，中国共产党的主要创建者之一及首任总书记。中国新文化运动的发起人，中国文化启蒙运动的先驱，创办了著名白话文刊物《新青年》，也是五四运动的精神领袖，中国共产主义运动的先行者，中国共产党创始人和早期领导人之一。他于1927年7月被共产国际剥夺中共党内领导职务。1929年因为在中东路事件中反对当时中共提出的“武装保卫苏联”的口号，被开除党籍。之后，陈独秀思想开始向托洛茨基靠近，对斯大林进行了批判，并于1931年成立中国托派组织。

但丁

但丁·阿利吉耶里（1265—1321），意大利中世纪诗人，现代意大利语的奠基者，欧洲文艺复兴时代的开拓人物，以史诗《神曲》留名后世。但丁被认为是意大利最伟大的诗人，也是西方最杰出的诗人之一，全世界最伟大的作家之一。恩格斯评价说：“封建的中世纪的终结和现代资本主义纪元的开端，是以一位大人物为标志的，这位人物就是意大利人但丁，他是中世纪的最后一位诗人，同时又是新时代的最初一位诗人。”

德谟克利特

德谟克利特（约公元前460—公元前370或公元前356），来自古希腊爱琴海北部海岸的自然派哲学家。德谟克利特是经验的自然科学家和第一个百科全书式的学者，古代唯物思想的重要代表。他是“原子论”的创始者，由原子论入手，他建立了认识论，并在哲学、逻辑学、物理、数学、天文、动植物、医学、心理学、伦理学、教育学、修辞学、军事、艺术等方面，都有所建树。可惜他的大多数著作都散失了，至今只能看到若干残篇断简，这对理解他的思想造成了一定的困难。

德谟克利特的自然科学虽然也有类似实验解剖这样的科学结论，但是他在哲学上的大部分见解都与经验直接相关。他的原子论是受着水汽蒸发以及香味传递等感性直观，依赖哲学思维推测出来的，通过感官的参与，即经验，直接推测了原子论的可能，并由原子论进一步影响认识论等。说他是自然科学家，主要是缘于他对于自然科学起到的奠基作用，但是在哲学领域，他是个彻头彻尾的经验论者，在他那个年代的哲学家鲜有严谨依赖科学思维得出哲学结论的人，这是可想而知的。

笛卡尔

勒内·笛卡尔（1596—1650），生于法国，逝世于瑞典斯德哥尔摩，是法国著名的哲学家、数学家、物理学家。他对现代数学的发展作出了重要的贡献，因将几何坐标体系公式化而被认为是解析几何之父。他还是西方现代哲学思想的奠基人，是近代唯物论的开拓者，并且提出了“普遍怀疑”的主张。他的哲学思想深深影响了之后的几代欧洲人，开拓了所谓的“欧陆理性主义”哲学。黑格尔称他为“现代哲学之父”。笛卡尔堪称17世纪欧洲哲学界和科学界最有影响的巨匠之一，被誉为“近代科学的始祖”。

恩格斯

弗里德里希·冯·恩格斯（1820—1895），德国思想家、哲学家、革命家，全世界无产阶级和劳动人民的伟大导师，马克思主义的创始人之一。恩格斯是卡尔·马克思的挚友，被誉为“第二提琴手”，他为马克思从事学术研究提供了大量经济上的支持。在马克思逝世后，将马克思的大量手稿、遗著整理出版，并且成为国际工人运动众望所归的领袖。

费尔巴哈

路德维希·安德列斯·费尔巴哈（1804—1872），德国哲学家。出生于拜恩州（巴伐利亚）下拜恩区的首府兰茨胡特，死于同一州的纽伦堡，他是德国法学家保罗·约翰·安塞姆里特·冯·费尔巴哈的第四个儿子。费尔巴哈对基督教的批判在社会上产生了很大影响，他的某些观点在德国教会和政府的斗争中被一些极端主义者接受。他对卡尔·马克思的影响也很大，虽然马克思并不赞同他观点中的机械论，马克思曾写过《费尔巴哈提纲》，批判他形而上学的唯物主义观点。费尔巴哈的主要著作有《黑格尔哲学批判》和《基督教的本质》等。

费希特

约翰·戈特利布·费希特（1762—1814），德国哲学家。尽管他是自康德的著作发展开来的德国唯心主义哲学的主要奠基人之一，但他在西方哲学史上的重要性往往被轻视了。费希特往往被认为是连接康德和黑格尔两人哲学间的过渡人物。近些年来，由于学者们注意到他对自我意识的深刻理解而重新认识到他的地位。和在他之前的笛卡尔和康德一样，对于主观性和意识的问题激发了他的许多哲学思考。费希特的一些观点也涉及了政治哲学，因此，他被一些人认为是德国国家主义之父。

弗洛伊德

西格蒙德·弗洛伊德（1856—1939），犹太人，奥地利精神病医生及精神分析学家，精神分析学派的创始人，此学派被称为“维也纳第一精神分析学派”，以区别于后来由此演变出的第二及第三学派。著有《性学三论》、《梦的解析》、《图腾与禁忌》、《日常生活的心理病理学》、《精神分析引论》、《精神分析引论新编》等。提出“潜意识”、“自我”、“本我”、“超我”、“俄狄浦斯情结”、“性冲动”、“心理防卫机制”等概念。其成就对哲学、心理学、美学，甚至社会学、文学等都有深刻的影响，被世人誉为“精神分析之父”。但他的理论诞生至今，却一直饱受争议。

伏尔泰

伏尔泰（1694—1778），原名弗朗索瓦·马利·阿鲁埃，伏尔泰是他的笔名。法国启蒙时代思想家、哲学家、文学家，启蒙运动公认的领袖和导师。伏尔泰是18世纪法国资产阶级启蒙运动的旗手，被誉为“法兰西思想之王”、“法兰西最优秀的诗人”、“欧洲的良心”。他不仅在哲学上有卓越成就，也以捍卫公民自由，特别是信仰自由和司法公正而闻名。尽管在他所处的时代，审查制度十分严厉，伏尔泰仍然公开支持社会改革。他的论说以讽刺见长，常常抨击天主教教会的教条和当时的法国教育制度。伏尔泰的著作和思想与托马斯·霍布斯及约翰·洛克一道，对美国革命和法国大革命的主要思想家都有影响。

傅立叶

夏尔·傅立叶（1772—1837），法国著名哲学家，经济学家，空想社会主义者。出身于商人家庭的傅立叶批评当时资本主义社会的一些丑恶现象，希望建立一种以法伦斯泰尔为基层组织的社会主义社会，在这里个人利益和集体利益是一致的。他还揭露资本主义的罪恶，主张建立一个社会主义社会，但他幻想通过宣传和教育来实现这一目的。他还强调妇女解放，提出妇女解放的程度是人民是否彻底解放的准绳。

海德格尔

马丁·海德格尔（1889—1976），德国哲学家，20世纪存在主义哲学的创始人和主要代表之一。出生于德国西南巴登邦弗赖堡附近的梅斯基尔希的天主教家庭，逝于德国梅斯基尔希。他在现象学、存在主义、解构主义、诠释学、后现代主义、政治理论、心理学及神学领域都有举足轻重的影响。此外，他还著有《存在与时间》一书，本书深深影响了20世纪哲学，尤其是存在主义、解释学和解构主义。

黑格尔

格奥尔格·威廉·弗里德里希·黑格尔（1770—1831），德国哲学家，出生于今天德国西南部巴登-符腾堡首府斯图加特。18岁时，他进入蒂宾根大学学习，在那里，他与荷尔德林、谢林成为朋友，同时，为斯宾诺莎、康德、卢梭等人的著作和法国大革命深深吸引。许多人认为，黑格尔的思想，象征着了19世纪德国唯心主义哲学运动的顶峰，对后世哲学流派，如存在主义和马克思的历史唯物主义都产生了深远的影响。更有甚者，由于黑格尔的政治思想兼具自由主义与保守主义两者之要义，因此，对于那些因看到自由主义在承认个人需求、体现人的基本价值方面的无能为力，而觉得自由主义正面临挑战的人来说，他的哲学无疑是为自由主义提供了一条新的出路。1807年，黑格尔出版了第一部作品《精神现象学》。《精神现象学》是一段伟大的概念旅程，带领我们从最基本的人类意识概念，走向最包罗万象而复杂的人类意识概念。

霍布斯

托马斯·霍布斯（1588—1679），英国的政治哲学家，创立了机械唯物主义的完整体系，认为宇宙是所有机械地运动着的广延物体的总和。他提出“自然状态”和国家起源说，认为国家是人们为了遵守“自然法”而订立契约所形成的，是一部人造的机器人，当君主可以履行该契约所约定的保证人民安全的职责时，人民应该对君主完全忠诚。他于1651年出版的《利维坦》一书，为之后所有的西方政治哲学发展奠定了根基。霍布斯的思想对其后的约翰·洛克、孟德斯鸠和让·雅克·卢梭有深刻影响，但同时他的社会契约理论与绝对君主思想又有其独特性。

基佐

弗朗索瓦·皮埃尔·吉尧姆·基佐（1787—1874），法国政治家、历史学家，他在1847年到1848年间任法国首相，是法国第二十二位首相。他是保守派人士，在任期间，他未能留心民间的疾苦，对内主张实行自由放任政策；对外则主张成立法比关税同盟，以对抗当时的德意志关税同盟，但这些措施均引起国内和国外的不满。1848年的二月革命，路易·菲利普的七月王朝被推翻，基佐也因而下台。他著有《英国革命史》、《欧洲文明史》、《法国文明史》等著作。

卡尔·考茨基

卡尔·考茨基（1854—1938），社会民主主义活动家，亦是马克思主义发展史中的重要人物。考茨基是卡尔·马克思代表作《资本论》第四卷的编者，是19世纪末德国社会民主党内最主要的领导人之一。

康德

伊曼努尔·康德（1724—1804），德国哲学家、天文学家，是星云假说的创立者之一、德国古典哲学的创始人、唯心主义者、不可知论者，德国古典美学的奠定者。他被认为是现代欧洲最具影响力的思想家之一，也是启蒙运动最后一位主要哲学家。康德哲学理论的一个基本出发点是认为将经验转化为知识的理性是人与生俱来的，没有先天的范畴我们就无法理解世界。他的这个理论结合了英国经验主义与欧陆的理性主义，对德国唯心主义与浪漫主义影响深远。

康德的一生可以以1770年为标志分为前期和后期两个阶段，前期主要研究自然科学，后期则主要研究哲学。前期的主要成果有1755年发表的《自然通史和天体论》，其中提出了太阳系起源的星云假说。在后期，从1781年开始的9年里，康德出版了一系列涉及领域广阔、有独创性的伟大著作，给当时的哲学思想带来了一场革命，它们包括《纯粹理性批判》（1781年）、《实践理性批判》（1788年）和《判断力批判》（1790年）。“三大批判”的出版标志着康德哲学体系的完成。三大批判分别探讨了认识论、伦理学以及美学。

政治上，康德是一名自由主义者，他支持法国大革命以及共和政体，在1795年他还出版过《论永久和平》一书，提出议制政府与世界联邦的构想。其生前最后一本有代表性的著作是《人类学》（1798年），一般认为该书是对整个学说的概括和总结。康德晚年已经以一名出色的哲学家闻名于世，他去世后，人们为他举行了隆重的葬礼。

孔德

奥古斯特·孔德（1798—1857）是法国著名的哲学家，社会学、实证主义的创始人。1817年8月，他成为著名的乌托邦社会主义者圣西门的秘书。1830年，《实证主义教程》第一卷出版，稍后其他各卷（共四卷）陆续出版。1842年出版的第四卷中，正式提出“社会学”这一名称，并建立起社会学的框架和构想。1844年孔德遇到对其理论发生重大影响的德克洛蒂尔德·德沃。受德沃影响，孔德创立“人道教”，并成立了具有宗教色彩的“实证主义学会”。整个19世纪，值得一提的法国社会学家屈指可数，但作为实证主义的创始人，奥古斯特·孔德被称为社会学之父当之无愧。他创立的实证主义学说是西方哲学由近代转入现代的重要标志之一。

李大钊

李大钊（1889—1927），字守常，河北乐亭人，中国共产党主要创立人之一，中国最早的马克思主义者和共产主义者之一，是中国国民党第一届中央执行委员会委员之一，也是在北伐时期推翻北洋军阀政府的要员之一，同时是共产国际的成员及其在中国的代理人。1927年被捕后遭张作霖处决。李大钊在中国共产主义运动和民族解放事业中，占有崇高的历史地位。

李约瑟

李约瑟（1900—1995），英国伦敦人，著名生物化学专家、汉学家，英国剑桥大学李约瑟研究所名誉所长。数次来到中国，先后任英国驻华科学参赞、中英科学合作馆馆长，1946年赴巴黎任联合国教科文组织自然科学部主任。著有《中国科学技术史》（28卷册）、《化学胚胎学》、《中国科学》、《科学前哨》及《中国神针：针灸史及基本原理》等著作。

列宁

列宁（1870—1924），原名弗拉基米尔·伊里奇·乌里扬诺夫，列宁是他的笔名。列宁是无产阶级革命家、政治家、思想家、理论家，布尔什维克党创立者、苏联缔造者，任苏联人民委员会主席。他继承和发展了马克思主义，形成了列宁主义理论。他被全世界共产主义者广泛认同为“全世界无产阶级和劳动人民的伟大革命导师和领袖”，也被世人认为是20世纪最伟大的人物之一。俄罗斯国家电视台2008年进行了一项关于国内最伟大历史人物的网上民意调查评选活动，经过统计，列宁位列第六，位于亚历山大·涅夫斯基、斯托雷平、斯大林、普希金、彼得大帝之后。

卢梭

让·雅克·卢梭（1712—1778），启蒙时代瑞士裔的法国思想家、哲学家、政治理论家和作曲家，是18世纪法国大革命的思想先驱，启蒙运动最卓越的代表人物之一。其论文《科学和艺术的进步对改良风俗是否有益》及《论人类不平等的起源与基础》确定了他在哲学史上的地位；他的《社会契约论》的人民主权及民主政治哲学思想深刻影响了启蒙运动、法国大革命和现代政治、哲学和教育思想。此外，他还著有《爱弥儿》、《忏悔录》、《新爱洛伊斯》、《植物学通信》等著作。

罗莎·卢森堡

罗莎·卢森堡（1871—1919），国际共产主义运动史上杰出的马克思主义思想家、理论家、革命家，德国社会民主党和第二国际左派领袖，被列宁誉为“革命之鹰”。在反对资本主义、修正主义和帝国主义世界大战的暴风骤雨中，始终英勇斗争，不畏强暴，展现了高度的革命乐观主义精神。1871年3月5日，出生于俄国占领下的波兰扎莫希奇的一个犹太人家庭，她原是波兰立陶宛王国社会民主党理论家。1898年移居德国柏林，并加入德国社会民主党，是党内的社会民主理论家。1914年，当德国社会民主党宣布支持德国参与第一次世界大战时，她和卡尔·李卜克内西合作成立马克思主义革命团体“斯巴达克同盟”，与社民党内以艾伯特为代表的右倾势力斗争。该组织于1919年1月1日转为德国共产党。1918年11月，在德国革命期间，她创办了《红旗报》，作为左翼的中央机构。1915年—1918年间被多次关押。罗莎·卢森堡起草了德国共产党党纲。她认为1919年1月柏林的斯巴达克起义是一个错误，但起义开始后她还是加以支持。当起义被自由军团镇压时，卢森堡、李卜克内西与其他数百位支持者被逮捕，遭到严刑拷打并被杀害。

洛克

约翰·洛克（1632—1704），英国哲学家，经验主义的开创人，同时也是第一个全面阐述宪政民主思想的人，在哲学以及政治领域都有重要影响。洛克的第一本主要著作是《论宽容》，而洛克最知名的两本著作则分别是《人类理解论》和《政府论》。洛克的思想对于后代政治哲学的发展产生了巨大影响，并且被广泛视为是启蒙时代最具影响力的思想家和自由主义者。他的著作也大大影响了伏尔泰和卢梭，以及许多苏格兰启蒙运动的思想家和美国开国元勋。他的理论被反映在美国的《独立宣言》上。洛克的精神哲学理论通常被视为是现代主义中“本体”以及自我理论的奠基者，也影响了后来大卫·休谟、让·雅各·卢梭与伊曼努尔·康德等人的著作。洛克是第一个以连续的“意识”来定义自我概念的哲学家，他也提出了心灵是一块“白板”的假设。与笛卡尔和基督教哲学不同的是，洛克认为人生下来是不带有任何记忆和思想的。

马丁·路德

马丁·路德（1483—1546），宗教改革运动的发起人。他本来是罗马公教奥斯定会的会士、神学家和神学教授。为了坚决抗议罗马天主教会，他发动了一场宗教改革运动。他的改革终止了中世纪罗马公教教会在欧洲的独一地位。他翻译的路德圣经迄今为止仍是最重要的德语圣经译作。2005年11月28日，德国电视二台投票评选最伟大的德国人，路德名列第二位，仅次于康拉德·阿登纳。

马克思

卡尔·亨利希·马克思（1818—1883），马克思主义的创始人，第一国际的组织者和领导者，全世界无产阶级和劳动人民的伟大导师、政治家、哲学家、经济学家、革命理论家。主要著作有《资本论》、《共产党宣言》。他是无产阶级的精神领袖，是当代共产主义运动的先驱，支持他理论的人被视为马克思主义者。马克思最广为人知的哲学理论是他对于人类历史进程中阶级斗争的分析。他认为几千年以来，人类发展史上最大的矛盾与问题就在于不同阶级之间的利益掠夺。依据历史唯物论，马克思曾大胆地假设，资本主义终将被共产主义所取代。

毛泽东

毛泽东（1893—1976），字润之（原作咏芝，后改润芝），笔名子任，湖南湘潭人。中国革命家、战略家、理论家、诗人，中国共产党、中国人民解放军和中华人民共和国的主要缔造者和领袖，毛泽东思想的主要创立者。从1949年到1976年，毛泽东是中华人民共和国的最高领导人。他对马克思列宁主义的发展、军事理论的贡献以及对共产党的理论贡献被称为毛泽东思想。毛泽东担任过的主要职务几乎全部称为“主席”，所以被尊称为“毛主席”。毛泽东被视为现代世界历史中最重要的人物之一，《时代》杂志将他评为20世纪最具影响的100人之一。

孟德斯鸠

查理·路易·孟德斯鸠（1689—1755），法国启蒙思想家，社会学家，是西方国家学说和法学理论的奠基人。1748年他出版了《论法的精神》，全面分析了三权分立的原则。伏尔泰夸赞这本篇幅巨大、包罗万象的著作是“理性和自由的法典”。

尼采

弗里德里希·威廉·尼采（1844—1900），德国著名哲学家，西方现代哲学的开创者，同时也是卓越的诗人和散文家，他的著作对于宗教、道德、现代文化、哲学，以及科学等领域提出了广泛的批判和讨论。他的写作风格独特，经常使用格言和悖论的技巧。尼采对于后代哲学的发展影响极大，尤其是在存在主义与后现代主义上。他最早开始批判西方现代社会，然而他的学说在他的时代却没有引起人们的重视，直到20世纪，才激起深远的调门各异的回声。后来的生命哲学、存在主义、弗洛伊德主义、后现代主义，都以各自的形式回应尼采的哲学思想。尼采著有《悲剧的诞生》、《查拉图斯特拉如是说》、《偶像的黄昏》等著作。

欧文

罗伯特·欧文（1771—1858），英国乌托邦社会主义者，也是一位企业家、慈善家。欧文在历史上第一次揭示了无产阶级贫困的原因，并从生产力的角度提出公有制与大生产的紧密关系，他晚年还提出过共产主义主张。他最著名的著作为《新社会观》、《新道德世界书》。罗伯特·欧文是历史上第一个创立学前教育机关（托儿所、幼儿园）的教育理论家和实践者。教育与生产劳动相结合，是欧文对人类教育理论宝库的一大贡献。他认为，要培养智育、德育、体育全面发展的一代新人，必须把教育与生产劳动结合起来。

培根

弗朗西斯·培根（1561—1626），英国哲学家、思想家、作家和科学家，是古典经验论的始祖。他不但在文学、哲学上多有建树，在自然科学领域里，也取得了重大成就。培根是一位经历了诸多磨难的贵族子弟，复杂多变的生活经历丰富了他的阅历，随之而来的是他的思想成熟，言论深邃，富含哲理。他是一位理性主义者而不是迷信的崇拜者，是一位经验论者而不是诡辩学者；在政治上，他是一位现实主义者而不是理论家。他在逻辑学、美学、教育学方面也提出许多思想。他著有《新工具》、《论说随笔文集》等著作，此外，他还有许多名言为众人所知，

“知识就是力量”就是其中最著名的一句名言。

普列汉诺夫

格奥尔基·瓦连廷诺维奇·普列汉诺夫（1856—1918），俄国马克思主义先驱，俄国社会民主工党总委员会主席。他早年是民粹主义者，在1883年后的20年间是俄国马克思主义政党的创始人和领袖之一，是最早在俄国和欧洲传播马克思主义的思想家，也是俄国和国际工人运动的著名活动家，十分受列宁尊敬。

普罗泰戈拉

普罗泰戈拉（约公元前490—约公元前420），公元前5世纪希腊哲学家，智者派的主要代表人物。他出生在阿布德拉城，多次来到当时希腊奴隶主民主制的中心雅典，与民主派政治家伯里克利结为挚友，曾为意大利南部的雅典殖民地图里城制定过法典。一生旅居各地，收徒传授修辞和论辩知识，是当时最受人尊敬的“智者”。普罗泰戈拉留传下来的最主要的哲学名言就是在《论真理》中说的，“人是万物的尺度，存在时万物存在，不存在时万物不存在。”

塞利格曼

马丁·塞利格曼（1942—），美国心理学家，主要从事习得性无助、抑郁、乐观主义、悲观主义等方面的研究。曾获美国应用与预防心理学会的荣誉奖章，并由于他在精神病理学方面的研究而获得该学会的终身成就奖。1998年当选为美国心理学会主席。

圣西门

克劳德·昂列·圣西门（1760—1825），法国哲学家、经济学家、社会改革家、空想社会主义者。与实证主义创始人奥古斯特·孔德相熟，曾聘其为秘书。圣西门出身贵族，曾参加法国大革命，还参加过北美独立战争。他抨击资本主义社会，致力于设计一种新的社会制度，并花掉了他的全部家产。在他所设想的社会中，人人劳动，没有不劳而获，没有剥削，没有压迫。圣西门一生写了许多著作，但直到1825年4月发表的《新基督教》这部圣西门最后的著作，才标志着他创建的空想社会主义大厦的完成。

叔本华

亚瑟·叔本华（1788—1860），德国著名哲学家，他继承了康德对于现象和物自体之间的区分。不同于他同代的费希特、谢林、黑格尔等取消物自体的做法，他坚持物自体，并认为它可以通过直观而被认识，将其确定为意志。意志独立于时间、空间，所有理性、知识都从属于它，人们只有在审美的沉思时才能逃离其中。叔本华将他著名的极端悲观主义和此学说联系在一起，认为意志的支配最终只能导致虚无和痛苦。他对心灵屈从于器官、欲望和冲动的压抑、扭曲的理解预言了精神分析学和心理学。他的代表著作有《作为意志和表象的世界》等。

斯大林

约瑟夫·维萨里奥诺维奇·斯大林（1879—1953），苏联共产党中央总书记、苏联部长会议主席、苏联大元帅，是苏联执政时间最长（1924—1953）的最高领导人，在任期间，全力进行社会主义工业化和农业集体化，使苏联成为重工业和军事大国，但同时也导致了乌克兰大饥荒。斯大林树立对自己的个人崇拜，实施大清洗，并对车臣等少数族裔进行压迫流放，严重破坏了民主和法制。第二次世界大战中领导苏联红军，与盟军协力击败轴心国，苏联领土也有了很大的扩张。战后他扶植了社会主义阵营，在冷战中与以美国为首的北约对峙。1953年3月5日因脑溢血去世。2008年，俄罗斯国家电视台举行了一次“最伟大的俄罗斯人”的评选活动，斯大林高居第三（四至六位分别是普希金、彼得大帝、列宁），仅次于亚历山大·涅夫斯基和斯托雷平。

苏格拉底

苏格拉底（公元前469—公元前399），古希腊著名的思想家、哲学家、教育家，他和他的学生柏拉图，以及柏拉图的学生亚里士多德被并称为“古希腊三贤”，更被后人广泛认为是西方哲学的奠基者。身为雅典的公民，据记载，苏格拉底最后被雅典法庭以引进新的神和腐蚀雅典青年思想之罪名判处死刑。尽管他曾获得逃亡雅典的机会，但苏格拉底仍选择饮下毒堇汁而死，因为他认为逃亡只会进一步破坏雅典法律的权威，同时也是因为担心他逃亡后雅典将再没有好的导师可以教育人们了。

孙中山

孙中山，本名孙文，谱名德明，字载之，号日新，又号逸仙，幼名帝象。中国近代民主主义革命先驱，中华民国和中国国民党创始人，三民主义的倡导者。首举彻底反封建的旗帜，“起共和而终帝制”。1905年成立中国同盟会。1911年辛亥革命后被推举为中华民国临时大总统。1929年6月1日，根据其生前遗愿，陵墓永久迁葬于南京钟山中山陵。1940年，国民政府通令全国，尊称其为“中华民国国父”。他是一位在海峡两岸都受到敬重的革命家，中华民国尊其为国父，中国国民党尊其为总理，毛泽东和中国共产党称孙中山为“中国近代民主革命的伟大先行者”。

维柯

乔瓦尼·巴蒂斯塔·维柯（1668—1744）是一名意大利政治

哲学家、修辞学家、历史学家和法理学家。他为古老风俗辩护，批判了现代理性主义，并以巨著《新科学》闻名于世。

谢林

弗里德里希·威廉·约瑟夫·冯·谢林（1775—1854），德国哲学家。谢林是德国唯心主义发展中期的主要人物，处在费希特和黑格尔之间。谢林的自然哲学受到了浪漫派大诗人歌德的欣赏，也得到了德国自然科学的欢迎。

亚当·斯密

亚当·斯密（1723—1790），苏格兰哲学家和经济学家，是经济学的主要创立者。他所著的《国富论》成为了第一本试图阐述欧洲产业和商业发展历史的著作。这本书发展出了现代的经济学学科，也提供了现代自由贸易、资本主义和自由意志主义的理论基础。

亚里士多德

亚里士多德（公元前384—公元前322），古希腊斯吉塔拉人，世界古代史上最伟大的哲学家、科学家和教育家之一。是柏拉图的学生，亚历山大大帝的老师。公元前335年，他在雅典办了一所叫吕克昂的学校，被称为逍遥学派。马克思曾称亚里士多德是古希腊哲学家中最博学的人物，恩格斯称他是古代的黑格尔。作为一位最伟大的、百科全书式的科学家，亚里士多德对世界的贡献无人可比。他对哲学的几乎每个学科都作出了贡献。他的写作涉及伦理学、形而上学、心理学、经济学、神学、政治学、修辞学、自然科学、教育学、诗歌、风俗，以及雅典宪法。

伊壁鸠鲁

伊壁鸠鲁（公元前341—公元前270），古希腊哲学家、无神论者，伊壁鸠鲁学派的创始人。伊壁鸠鲁成功地发展了阿瑞斯提普斯的享乐主义，并将之与德谟克利特的原子论结合起来。他的学说的主要宗旨就是要达到不受干扰的宁静状态。

伊壁鸠鲁的学说和苏格拉底及柏拉图最大的不同在于，前者强调远离责任和社会活动。伊壁鸠鲁认为，最大的善来自快乐，没有快乐就没有善。快乐包括肉体上的快乐，也包括精神上的快乐。伊壁鸠鲁区分了积极的快乐和消极的快乐，并认为消极的快乐拥有优先的地位，它是“一种厌足状态中的麻醉般的狂喜”。同时，伊壁鸠鲁强调，在我们考量一个行动是否有趣时，我们必须同时考虑它带来的副作用。在追求短暂快乐的同时，也必须考虑是否可能获得更大、更持久、更强烈的快乐。他还强调，肉体的快乐大部分是强加于我们的，而精神的快乐则可以被我们所支配，因此交朋友、欣赏艺术等也是一种乐趣。

伊壁鸠鲁悖论是其著名遗产之一。伊壁鸠鲁也同意德谟克利特的有关“灵魂原子”的说法，认为人死后，灵魂原子离肉体而去，四处飞散，因此人死后并没有生命。他说：“死亡和我们没有关系，因为只要我们存在一天，死亡就不会来临，而死亡来临时，我们也不再存在了。”伊壁鸠鲁认为对死亡的恐惧是非理性的，因为对自身死亡的认识是对死亡本身的无知。

《1844年经济学哲学手稿》

《1844年经济学哲学手稿》是卡尔·马克思在年轻时代为了总结自己的思想和弄清思考的问题而写的一个未完成的手稿，由三个部分组成，这是一部研究政治经济学和哲学的著作。该手稿中，马克思根据当时情况，对一系列德国的古典哲学（包括黑格尔的辩证法、费尔巴哈的唯物论）、英国的古典政治经济学（亚当·斯密）以及法国的空想社会主义进行批判性整合。该手稿可以反映出马克思已经完全脱离了黑格尔的理论。

《德法年鉴》

《德法年鉴》是德国“第一个社会主义的刊物”。1844年2月底只在巴黎用德文出版了1—2期合刊号，主编是阿·卢格和马克思。由于当时卢格患病，这一期合刊主要是由马克思编辑的。这期合刊包括卢格写的《德法年鉴》计划、杂志撰稿人之间的8

封通信、马克思的著作《〈黑格尔法哲学批判〉导言》和《论犹太人问题》、恩格斯的著作《政治经济学批判大纲》和《英国状况》，以及其他人写的三篇文章、两首诗、一份官方判决书和编后记《刊物的展望》。马克思和恩格斯在《德法年鉴》上发表的文章表明，他们最终完成了从革命民主主义向共产主义的转变。

《德意志意识形态》

《德意志意识形态》是一本哲学巨著文本，于1845年由马克思和恩格斯合著，于1932年在莫斯科出版。在1847年，《德意志意识形态》的部分内容在《威斯特伐里亚汽船》杂志8月和9月号发表过。本书第一次系统阐述了历史唯物主义的基本原理，如社会存在决定社会意识、生产方式在社会生活中起决定作用、生产关系必须适合生产力的发展等，标志着马克思主义哲学的成熟。此外，本书还批判地分析了当时的费尔巴哈、鲍威尔及施蒂纳的唯心主义历史观，批判了真正的社会主义或德国社会主义的各种代表哲学观点，表达了对科学社会主义的认识。

《反杜林论》

《反杜林论》是恩格斯于1876年5月底至1878年7月初的著作，是一部伟大的马克思主义著作，是马克思主义发展史上的一座丰碑。

《共产党宣言》

《共产党宣言》是无产阶级革命导师马克思、恩格斯受“共产主义者同盟”1847年12月伦敦第二次代表大会的委托，于1847年11月—1848年1月间共同撰写的关于科学共产主义的第一个纲领性文献。它是国际共产主义运动的第一个纲领性文献，是一部划时代的光辉文献。《共产党宣言》以辩证唯物主义与历史唯物主义为理论基础，以阶级斗争为线索，解剖了资本主义制度，阐明了资本主义的发生、发展和必然灭亡的客观规律；阐明了无产阶级作为资本主义掘墓人和共产主义创建者的伟大历史使命；论证了无产阶级革命和无产阶级专政是无产阶级获得解放的唯一道路；批判了打着社会主义招牌的同科学共产主义相对立的各种流派的所谓理论；奠定了无产阶级政党的学说，并确立了党的战略、策略、原则。

《关于费尔巴哈的提纲》

《关于费尔巴哈的提纲》写于1845年春，马克思生前未发表过。最早发表于1888年，恩格斯在《路德维希·费尔巴哈和德国古典哲学的终结》的序言中称这个文件为“关于费尔巴哈的提纲”，并作为该书的附录首次发表。它被恩格斯称为“包含着新世界观的天才萌芽的第一个文件”，“历史唯物主义的起源”。《关于费尔巴哈的提纲》和《德意志意识形态》一起被公认为是马克思主义哲学，特别是唯物史观创立的基本标志。

《火星报》

《火星报》是由俄国社会民主工党的人士在德国所创办的一份政治性的报纸，系俄国社会民主工党中央机关报，第一个全俄政治报。1900年12月24日，由列宁、普列汉诺夫创办于德国莱比锡。《火星报》的座右铭是星火燎原，该句出于弗拉基米尔·奥多耶夫斯基对普希金的诗《致西伯利亚的囚徒》的回复；另外东干族亦曾有份以东干语撰写的《东方火星报》。《火星报》于1900年12月在德国首次发行，不久后即迁往德国慕尼黑进行出版，1902年4月移至英国伦敦出版，1903年之后移至瑞士日内瓦继续出版。该报为党制订了纲领草案，并筹备了党的第二次全国代表大会。1903年，该报发生分裂。以列宁为首的多数派退出了编辑部后，《火星报》便成为孟什维克派的喉舌，最后，《火星报》在1905年停刊，一共发行了112期，其中列宁参与编辑的前51期又被称为“旧火星报”，52期以后的部分则被称为“新火星报”。

《莱茵报》

《莱茵报》，《莱茵政治、商业和工业日报》的简称，“德国现代期刊的先声”（恩格斯语，《马克思恩格斯选集》第1卷第

514页）。

《路德维希·费尔巴哈和德国古典哲学的终结》

《路德维希·费尔巴哈和德国古典哲学的终结》是恩格斯为论述马克思主义哲学同德国古典哲学的关系，阐明马克思主义哲学基本原理而写的一部重要的哲学著作。写于1886年，同年发表在德国社会民主党理论杂志《新时代》的第4—5期上。1888年出版单行本。20世纪20年代末30年代初传入中国，曾出版过林超真、彭嘉生、张仲实等人的6种译本。这本著作全面论述了马克思主义哲学和黑格尔、费尔巴哈哲学之间的批判继承关系，系统阐述了辩证唯物主义和历史唯物主义的基本原理，具体说明了马克思主义哲学产生的理论来源和自然科学基础，深刻分析了马克思主义哲学在哲学领域中革命变革的实质。

《前进报》

德国社会主义工人党中央机关报，1876年10月1日创刊。1875年5月召开的德国社会民主党和全德工人联合会哥达合并大会决定，两派的机关报暂时并列为新成立的社会主义工人党的机关报。

《人权宣言》

《人权宣言》，1789年8月26日颁布，是在法国大革命时期颁布的纲领性文件。《人权宣言》以美国的《独立宣言》为蓝本，采用18世纪的启蒙学说和自然权论，宣布自由、财产、安全和反抗压迫是天赋不可剥夺的人权，肯定了言论、信仰、著作和出版自由，阐明了司法、行政、立法三权分立，法律面前人人平等，私有财产神圣不可侵犯等原则。

《神圣家族》

《神圣家族》是一本由马克思和恩格斯在1844年11月创作的书。这本书对青年黑格尔派及其在当时学术界极其流行的思想潮流进行了批判。该书的名称是由出版商提议取的，并用作讽刺鲍威尔兄弟及其支持者。该书引发了争议并使得鲍威尔对此进行了反驳。鲍威尔称马克思和恩格斯误解了自己的说法。马克思之后在《德意志意识形态》中讨论了相关问题。

《真理报》

《真理报》是1918年至1991年间苏联共产党中央委员会的机关报。《真理报》在1991年被时任俄罗斯联邦总统的叶利钦下令关闭，但同名的报纸不久后又开始发行。原《真理报》的大部分职员于1999年加入了新创建的网络媒体“真理报在线”。“真理报在线”目前是访问人数最多的俄罗斯新闻网站，它与俄罗斯国内正在发行的《真理报》没有任何关系。俄罗斯国内还有多份同名的报纸一直在发行。原《真理报》在西方乃至全世界都以其政治色彩而著称。

《政治经济学批判大纲》

《政治经济学批判大纲》是恩格斯的第一篇经济学著作。写于1843年底至1844年1月，1844年2月发表在《德法年鉴》上。中译本收入人民出版社1956年出版的《马克思恩格斯全集》第1卷。研究了资本主义社会经济制度和资产阶级政治经济学的基本范畴，论述了消灭私有制的必要性，对社会主义革命作了初步论证，是马克思主义发展史上第一篇经济学著作。

《资本论》

《资本论》是马克思的著作，以唯物史观的基本思想为指导，通过深刻分析资本主义生产方式，揭示了资本主义社会发展的规律，同时也使唯物史观得到了科学的验证和进一步的丰富发展。《资本论》运用唯物史观的观点和方法，将社会关系归结为生产关系，将生产关系归结于生产力的高度，从而证明了社会形态的发展是一个不以人的意志为转移的自然历史过程。

《自然辩证法》

《自然辩证法》是德国哲学家弗里德里希·恩格斯一部尚未

完成的著作，是恩格斯多年来对自然科学研究的总结。对19世纪中期的主要自然科学成就用辩证唯物主义的方法进行了概括，并批判了自然科学中的形而上学和唯心主义的观念。在恩格斯去世后，1896年发表了其中一篇论文《劳动在从猿到人转变过程中的作用》，1898年发表了其中另一篇论文《神灵世界中的自然科学》，直到1925年才在前苏联出版的德文和俄文译本对照的《马克思恩格斯文库》中全文发表。